家居建材门店管理与运营实战

道几 ◎ 编著

化学工业出版社
·北京·

内 容 简 介

本书以长期困扰家居建材行业终端门店管理者的管理难点和运营痛点为切入点，在篇章结构基础上，以"管理+运营"分类阐述的方式对当前行业终端门店普遍存在的问题进行深入剖析，并结合行业现状和特点，从实战角度给出指导方向以及有针对性、能落地和可执行的解决方案。对于门店管理新手来说，本书就是教科书和百宝箱；对于门店管理资深人士来说，本书将成为全面提升其终端门店管理能力的实战参考书。

本书适合家居建材终端门店店长、区域连锁门店经理和经营者、门店资深销售人员、厂商销售管理人员、市场动销人员和相关培训老师阅读。

图书在版编目（CIP）数据

家居建材门店管理与运营实战／道几编著.—北京：化学工业出版社，2022.2
ISBN 978-7-122-40467-1

Ⅰ.①家… Ⅱ.①道… Ⅲ.①建筑材料-商店-商业管理 Ⅳ.①F717.5

中国版本图书馆CIP数据核字（2021）第256869号

责任编辑：毕小山	文字编辑：陈立媛 刘 璐
责任校对：田睿涵	装帧设计：王晓宇

出版发行：化学工业出版社（北京市东城区青年湖南街13号 邮政编码100011）
印　　装：大厂聚鑫印刷有限责任公司
710mm×1000mm 1/16 印张14¾ 字数246千字 2022年3月北京第1版第1次印刷

购书咨询：010-64518888　　　　　　　售后服务：010-64518899
网　　址：http://www.cip.com.cn
凡购买本书，如有缺损质量问题，本社销售中心负责调换。

定　价：78.00元　　　　　　　　　　　　　　　　版权所有　违者必究

前言

伴随着整个泛家居行业厂商不断追求品牌化以及建立在品牌化基础上对终端运营管理的优化，加上业内区域一线及超一线大牌单品专业代理运营商增加；单品类、多品牌垂直经营模式的大商或多品类、多品牌横向多元经营模式的大商不断地实施区域扩张，泛家居行业终端店长这一集合了运营与销售管理双重职能属性的岗位，近些年一直处于严重的供需矛盾状态，并且这种状态未来还会持续。其根本原因主要有以下几点。

第一，整个泛家居行业终端经营者（现阶段）的主流大多是从早期的夫妻店模式不断发展和演化过来的，无论是管理的专业基础，还是对销售管理和运营的认知和把握，都还欠缺很多。

大多数门店管理者还秉持着以结果为导向趋向于短平快的经验主义经营理念，但如果把发现人才、培养人才、使用人才、激励人才这四项内容中的任意一项拿出来细细推敲，都可能成为一个难点。而培养店长、发展店长的过程，上述四项也都还只是基础，并非全部，其结果可想而知。

第二，厂商辅助支持的效度难以保障。多数情况下，业内终端经营者也深知自己不专业，不具备打造团队、引领团队的能力。于是，当出现需求时，首先想到的是向厂商申请支持。而厂商在很久以前就明白了这个道理，深知自己的区域代理商发展的桎梏就是他们自身，于是建立商学院、设置市场部帮扶组、建立动销帮扶团队等举措接踵而至。但是，结果如何呢？毫无疑问，厂商也有厂商的短板。

在协助合作伙伴构建团队的过程中，厂商往往都是零星和散点式介入，先不论厂商终端运营帮扶支持团队的工作效度是否足够有力，单论这种辅助支持工作模式本身就存在严重的问题。而问题的本质是店长培养和其能力的提升不可能单纯依赖于指导，同时还需要有引导、影响、督促、互动、纠偏和一系列与人才发展相关的要素的支持。先不说这些要素是否能得到厂商帮扶团队的充分支持，单纯说持续支持这一点，基本少有厂商可以做到。

第三，业内终端门店管理从业者自身能力有局限性。多数业内终端的店长都是从导购或资深导购提拔上来的，由于没有系统完整的教育背景作为基础支撑，这一群体在面对组织的定向培养和自我进步过程中，显得有些力不从心。其一，没有一定的文化储备，导致知识或技能在传递过程中的效率会受到很大的影响，主要表现为对他人之言不解，对他人之行盲目地接受或抗拒。其二，缺少综合教育基础支撑，很难形成完整的系统思维和结构化的认知，表现为对自我的认知不够深刻，对销售管理和运营存在的问题不能追根溯源，或是即便知道了问题，也无法形成相对应的解决方案并有序付诸实施。

第四，大多数三、四线城市业内店长的职业价值观基本还停留在维持一份工作的层面。店长候选人在入职前，没有带着奋斗的目标和意识加入组织，导致后期组织在培养方面异常艰难，个人内在驱动力也只有少数管理者才具备。一个仅仅是想有一份工作的店长，和一个一心要把自己管理的门店经营好的店长相比，注定是两种结果。

如果将时间这一因素纳入并进行考察，随着时间的推移，拥有两种截然不同的职业价值观或内在心理诉求的店长，其工作成果和绩效的差距会越来越大。

第五，很多业内终端经营主体只有公司或组织结构的外壳，本质上还停留在夫妻店模式。如果一家门店的店长还是一个"名义店长"，事事还要向老板或老板娘请示，那么这家店的店长即便有再大的抱负、再正向的职业价值观都是没用的，店长经营能力的提升，归根结底是在日常经营管理过程中获得的。事实上，大部分泛家居行业终端的店长角色包括老板、老板娘、"名义店长"这三个独立角色。可以想象，这样的角色组合要想走团队化道路谈何容易！

综上，店长的紧缺是由多方因素造成的，由于多方因素暂时不可能被完全解决，矛盾的持续自然也将无法避免。但厂商要业绩，区域经营主体要发展，有诉求的业内终端销售管理与运营工作者要进步，这又是不争的事实。

  为了改善泛家居行业终端销售管理和运营专业人才紧缺的局面，帮助一部分有志于在泛家居行业终端有所建树的从业者找到提升能力的策略和方法，笔者凭借多年泛家居行业销售管理与终端运营的实战经验，结合大量的业内终端样板门店走访调研以及和优秀店长的访谈成果，依据现代终端销售管理和运营理念，以管理学普遍涉及的多学科专业理论为基础，撰写本书。

  本书力求以一般管理理论为基础，但通篇尽可能不提及专业管理理论，尽可能地结合行业特点，多谈实践，多给策略，多讲方法。希望本书能够给泛家居行业终端的发展贡献一份力量，也希望读者阅读本书能够有所收获，有所思考，进而有所行动直到有所提升。

  由于作者能力有限，本书可能会存在这样或那样的不足，敬请读者批评指正，谢谢大家！

道几

2021 年 3 月 6 日于杭州

目录

管理篇

第一章 如何快速打造门店销售与运营团队

第一节　如何快速招人、培养人　　　　　　　　　003
第二节　怎么做才能让团队保持干劲儿　　　　　　017

第二章 如何建立规范、高效且有温度的门店管理制度

第一节　门店会议这么组织才有效率　　　　　　　034
第二节　建立软硬结合的门店日常管理制度　　　　042

第三章
让店容店态时刻处在最佳状态的秘诀

第一节　如何把店面打造成吸引、留住客户的磁场　　053
第二节　成功的样品管理要做这些事　　058

第四章
盘点那些可以辅助销售攻单的门店销售利器

第五章
细数销售过程的控制与管理

第一节　一场销售战役的战前准备包括这些事　　076
第二节　把销售战役推向胜利少不了这些打法　　080
第三节　有效的售后管理必须这么做　　100

第六章
高效开展客户管理工作的秘诀

第一节　提高客户满意度的策略和方法　　112
第二节　让老客户愿意帮忙带单的方法　　121

第七章 厂商与渠道关系应该这么搞

| 第一节 | 怎样把普通的厂商关系升华到鱼水关系 | 129 |
| 第二节 | 搞好渠道关系应掌握的法则 | 140 |

第八章 实现异业联盟资源整合共赢的策略和方法

运营篇

第九章 如何利用大数据指导门店高效运营

第一节	如何利用大数据精准评估市场需求	159
第二节	充分利用大数据监控门店运营	169
第三节	如何精准解读、分析门店运营数据	181

第十章
单店促销活动这么做才能有业绩

| 第一节 | 单店活动策划创意大盘点 | 194 |
| 第二节 | 让单店活动人气爆棚不能不说的秘密 | 200 |

第十一章
泛家居行业终端新零售的破局之道

| 第一节 | 泛家居行业终端门店的360°引流 | 211 |
| 第二节 | 泛家居行业终端的全渠道运营指南 | 219 |

管理篇

第一章
如何快速打造门店销售与运营团队

第一节　如何快速招人、培养人
第二节　怎么做才能让团队保持干劲儿

第一节
如何快速招人、培养人

作为终端门店店长，门店销售团队的战斗力和绩效产出直接决定了其自身的岗位价值和对组织的贡献程度。毕竟，店长承担的是整个门店的任务指标，背负的是带领门店销售和运营团队实现门店各项既定经营指标和销售任务的使命。那么门店销售团队的打造是从哪里开始的呢？答案是：从门店销售与运营团队的组织结构设计开始。

一、门店销售与运营团队的组织结构设计

根据经营品类的不同，门店为客户提供的售前、售中和售后服务也存在明显差别。店长需要基于行业特点，结合自己门店所经营的产品品类，对门店销售与运营团队的组织结构进行合理化的设计。并且这一过程通常需要有终端经营者的参与。

如全屋定制类、瓷砖类、整木类、整合软装类的门店不但要有门店销售的必备岗位，通常还要有驻店设计师的岗位，主要目的是能够更好地服务客户，让客户体验到门店专业的服务能力，增加客户信任度，提高客户转化率。

而地板类、壁纸类、卫浴类、壁材类、灯饰五金类和家具类的门店组织结构则可以相对简单一些，一般仅设门店销售岗位、业务人员岗位即可。规模小一些或处在初创期的门店，可能暂时也不需要设置业务人员岗位。

针对安装与售后服务团队，根据门店所处的发展阶段，可以灵活选择自建团队或是服务外包。这里需要说明的是，即使是选择外包模式，也不意味着店长就可以不用考虑这个外部团队的配置问题。相反，店长应该打起十二分精神来思考以下几个问题：在本地市场，有多少个外包服务团队可供己方选择？他们的技术水准如何？客户口碑、反馈怎么样？有多少外包团队可能有意向跟己方合作？对标竞品现在长期合作的外包团队是哪个？一旦建立合作，对这些外包团队应当如何进行管控？遇到旺季安装排单拥挤时，替代方案是什么？

很多终端门店的业绩之所以提升不上去，效率低下，和外包模式下店长对安装与售后服务团队监管不到位、协调双方工作不力有很大关系。这也反映出外包模式会增加己方的不可控风险和服务管理的难度。

而如果自建安装与售后服务团队,很多时候会额外增加更大的门店运营成本,也没有那么必要,至少在主营业务量值达到稳定均衡前是这样。同时,门店经营者也不可能同意这样的做法。

因此,就安装与售后服务团队而言,选择自建还是外包,需要根据门店的实际情况灵活选择,没有统一的答案。但最好能够遵循以下原则:越简单越好,非必要不设置驻店设计师岗位,非必要不自建安装与售后服务团队,选择外包模式的安装与售后服务团队,要有完备的管控计划和应急预案。

图1-1~图1-4代表了当前泛家居行业终端几种常见的门店组织结构设计形式,相信大家也很容易理解。需要再次强调的是,虽然安装与售后团队在前3幅门店组织结构图上体现的是外包,但这只是一种团队的组织形态或表现形式,店长必须将其视为自己的内部团队。没有这种思想理念作为基础,会导致后续工作和门店管理运营方面出现一系列的问题。

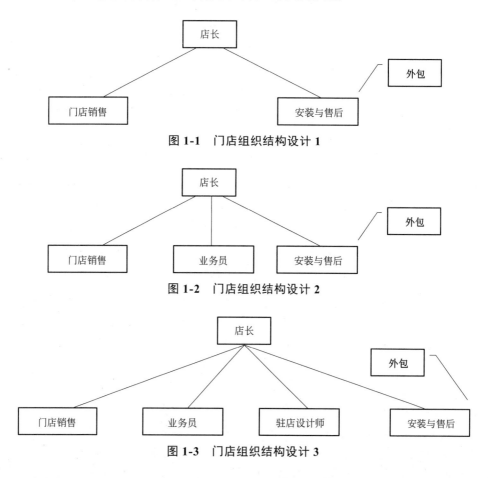

图1-1 门店组织结构设计1

图1-2 门店组织结构设计2

图1-3 门店组织结构设计3

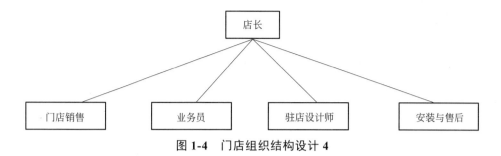

图 1-4　门店组织结构设计 4

当前阶段的情况是凡是外包模式下的安装与售后服务，店长通常都不会将外包团队视为自己内部的团队，这是普遍存在的现象。有的甚至会将这个外部团队直接交给终端经营者来管理和协调，或者终端经营者也认为这个外包团队就应该归自己管理，店长没能力或者认为没必要参与技术外包团队的管理。以上这些都是错误的经营管理理念，无论是终端从业者还是经营者都应该避免。

在泛家居行业，三分看品质、七分看安装适用于大多数品类。一个门店的安装与售后服务团队如果管理失控或不规范、不高效，那么，客户满意度将无从谈起。在流量日渐衰退的当下，我们没有理由不珍惜每一次客户给予我们的信任。

二、基于组织结构的门店人员净需求

确定好门店的组织结构并与终端经营者达成一致后，店长可以根据门店组织结构制定门店人员需求表。如果是新店从零开始搭建团队，则需要制定门店人员需求表即门店人员净需求表（表 1-1）。

表 1-1　门店人员净需求表

×× 门店人员净需求表			
店长	1 人	导购	5 人
业务员	2 人	设计师	1 人

如果是老店团队重建或优化，店长除了要制定门店人员需求表之外，还应对门店现有人员进行一次集中盘点，决定哪些人可以继续留用，哪些人可以观察使用，哪些人必须淘汰。如有外包团队，外包团队是否需要重新规划和配置也要进行判定。

根据门店现有团队的盘点结果，制定门店人员净需求表并与终端经营者充分讨论，说明人员需求配置的理由和目的。人员需求配置的核心出发点应该建立在门店中、短期经营规划和年度经营目标的基础之上。而成本预算方面，作为终端经营者自然也会非常关注，也是制定门店人员净需求表过程中店长必须要考虑的问题。简而言之，既要考虑门店的发展规划和年度经营目标，也要使门店的成本预算控制在合理范围之内。

三、门店人员需求——人才画像

门店人员净需求表制定好并与终端经营者达成一致后，店长接下来要做的一件重要的事情，就是要清楚以下几个问题：自己到底想要找什么样的人？自己到底需要什么样的人？自己到底想打造一个什么样的团队？为了打造这样一个团队，必须要找到哪些人？这些人身上应该具备什么样的素养、经验、能力和人格特质？把上述这些问题全部想清楚后，简单的人才画像自然而然也就出来了。

所谓的人才画像，简单来说，就是对我们所要寻找的各个岗位候选人的全面描述和定义，包括但不限于教育背景、能力素养、工作经验、身体条件、人格特质、内在心理素质等。有了人才画像作为基础，我们可以更加清晰地知道应该去哪里找到这些人。同时，当这些人出现在我们面前时，我们也可在第一时间识别出来，或者在对候选人进行对比选择时，我们更加容易判定谁是更加符合我们预期的那一个。

严格一点儿说，人才画像的编制是人力资源管理专业范畴的内容，属于一项技术性较强的工作。同时，不同门店组织的内外环境，存在着较大差别，这又决定了它是一项较为复杂的、实践性较强的工作。所以，人才画像的编制并不可能照搬某一种模式或某一种做法，这些都是不科学和不可取的。

虽然没有标准答案，但只要我们通过对管理理论、实践经验和行业特点进行融合思考和模拟推演，仍然可以总结出一些有助于读者实践应用的规律，现把它们整理出来，跟大家分享。为大家的人才画像实践工作提供一定的借鉴和参考。

1. 基于团队的整体规划

我们在编制人才画像时，首先要对将要打造一个什么样的团队，有一个基本的宏观认知。

比如说，我们要打造一个富有战斗力且充满活力的团队，那么我们要对团队成员的年龄做出非常明确的限定，或是对团队人员的性格特质有基本的要求。如果一个团队内部的人员平均年龄在40岁以上，且性格大多沉默寡言，那么我们要把这个团队打造成我们理想中的团队是很艰难的。

再比如，我们要打造一个工作氛围和谐融洽且充满凝聚力的团队，而团队中的大多数人都喜欢吹毛求疵或者无事生非，那么这个团队要想具有凝聚力，简直难如登天。

又如，我们想要打造一个富有战斗力且充满激情的团队，而我们团队中的大多数人只是为了打发每天8个小时的工作时间，毫无压力和进取心，作为店长，又当如何管理？

因此，我们在编制岗位人才画像之前，必须要先对理想中的团队进行定义和刻画。这样才不至于走弯路，误入歧途。

2. 基于店长本人的人格特质

什么样的人，带什么样的团队；什么样的团队，吸引什么样的人。店长在编制人才画像之前，应该好好认识一下自我。想清楚自己的优势是什么，自己适合带什么样的团队。

如果自己是雷厉风行的人，就尽可能对候选人的执行力做出明确的要求。如果自己是民主型的领导，就应对候选人的工作态度（工作主动性）做出明确的要求。如果自己是技术派或业内资深人士，但性格缺乏张力或不够强势，那就尽可能找一些非行业资深人士或行业资历较浅的岗位候选人。

总而言之，在定义他人之前，先定义自己。

3. 基于门店经营的品类

门店经营的品类不同，也会影响人才画像的编制。如瓷砖、卫浴、木地板、木门等已经趋近于标准化的品类，我们在编制经营这些品类门店的候选人画像时可以着重增加其执行力、承压能力、是否吃苦耐劳和销售技能等方面的权重，而对方的行业工作经验、年龄、性别等则相对不那么重要。

再如门窗、全屋定制、整合软装、家具等非标准化或标准化不充分的品类，我们应该更加看重候选人的行业工作经验、沟通能力、工作态度、快速接纳新生事物的能力和学习能力等方面，其他方面则只作为参考，甚至忽略不计。这里需要重点说明的是沟通能力不代表能说，真正的沟通能力包括能说、会说以及在这基础之上快速理解沟通对象内心真实想法和诉求的能力。

4. 基于门店团队搭建的背景

如果是新店从零开始搭建团队，要非常看重各需求岗位的行业工作经验和资历，尤其是关键核心岗位。这样可以节省很多不必要的培训成本，最大化地提高团队的工作效率，保证新店可以快速进入正常有序的经营状态。

同时，对于一个新生团队而言，如果团队内部有几个老员工，对于没有行业经验的新员工而言，会有一定的安全感。至少在遇到困惑的时候，可以找到请教或求助的对象，不至于茫然地独自面对工作中可能遇到的各种各样的困难。

5. 基于现有团队的能力结构

如果是对门店旧有的团队实施改造和优化，可以在对门店原有团队进行盘点的过程中，对现有团队的能力结构和性格特质进行一次全盘摸底。

如发现原有团队的执行力和工作态度尚可，但是团队氛围不够活跃，可以在编制补充人员人才画像时着重强调某些岗位人员的性格特质，把那些性格活泼开朗且能活跃气氛的候选人吸纳进来，或予以优先录取。

再如，原有团队人员盘点结果显示，团队执行力和工作氛围尚可，但是团队内部专业知识普遍不是很扎实，遇到一些技术性较强的问题时，通常需要团队外部资源介入才能解决问题。这时，在编制补充人员人才画像时，相关岗位应该优先考虑行业资历较深或是学习能力较强且富有进取心的候选人。

总之，团队能力结构或群体性格特质缺失或不足的地方，就是团队优化和调整的首选方向，也是确定补充人才画像的重要依据。

6. 基于劳动力市场的供求状况

编制人才画像之前，我们还应结合属地的劳动力市场供求情况加以必要的研判和分析。譬如，己方新扩张的门店需要招聘有行业工作经验的资深人士，可是就在己方启动招聘之前，属地市场已经陆续有两家新的家居建材商场开业。如果以这样的标准去招聘或筛选候选人，那结果很有可能是无人可招或无人可选。

再如，某北方四线城市，年轻一代劳动力近几年持续外流，本地待业的劳动力供给年龄普遍偏大，而己方的人才画像要求的候选人年龄是30岁以下，这样就会导致己方的团队搭建工作陷入理想化，影响整个团队搭建工作的进度。我们既要追逐理想，同时也要面对现实。

7. 基于门店的区位

门店区位的不同，也会直接影响到人才画像的编制。例如，若己方门店区位处在核心地段或处在商场的核心位置，预计人流量不会是太大问题，这时己方在编制团队人员画像时应该着重考虑候选人的成交能力、服务意识、专业技能和对销售技能的掌握程度等。

反之，如果己方的门店区位较为偏僻，或处在新市场的犄角旮旯，这时己方在编制团队人才画像时应着重考虑候选人是否充分具备工作主动性、进取心、承压能力、吃苦耐劳能力以及人际互动能力等。

8. 基于地域文化差异

北方人重效率，南方人重细节。在不同地域经营的门店，团队候选人的人才画像编制也应该适当有所区别。如果在北方地区定义业务人员岗位，粗犷豪放、善交际这些关键词会比较合适。

而在南方地区，同样品类、同一品牌面对同一岗位编制人才画像时，则服务意识、细节把握能力、专业程度和性格特质可能会处在优先地位。这就是地域对编制人才画像的影响。

9. 基于品牌定位的不同

门店经营代理的不同品牌，也会影响到我们对门店团队候选人人才画像的编制。如果是国际一线或国内一线大牌，除了必备的基础素养和能力外，我们可能会更加看重对方的外在形象和商务礼仪。而如果门店经营的是二、三线品牌，我们可能不会在这方面做出更多的要求。

影响人才画像编制的因素很多，在此不一一列举。如果以上内容大家能够充分理解并融会贯通，就已经基本能够满足日常工作所需，至少不会犯方向性的错误。

四、招聘渠道的选择

人才画像编制好之后，我们对于要找什么样的人，已经基本有了明确的认知，接下来我们要考虑的问题就是如何在短时间内把这些人找到。此时，门店团队搭建进入了一个关键节点——人才招聘。

销售人才尤其是优秀的销售人才在任何行业都是稀缺的，泛家居行业自然也不例外。因此，针对销售人才的招聘一直是个难点，主要是因为，销售人才本身的稀缺性决定了雇主之间的竞争较为激烈。另外，销售人才一般在一家公司或一个行业做了一段时间后，不会轻易换工作。所以，我们才会看到，很多行业对销售岗位的招聘已经常态化。

既然销售岗位的招聘挑战性这么大，而门店团队搭建的关键核心岗位又以销售岗位为主，这无形中加剧了我们的工作难度。而一个店长的绩效和价值往往就体现在对这些工作难点的处理上。

有效的招聘工作是从甄选和确定招聘渠道开始的，针对泛家居行业终端，可以整理出很多招聘渠道。基于不同的人才需求，可以选择不同的招聘渠道组合，这样可以达到事半功倍的效果。只是在店门口贴一张A4纸或放一个展架的招聘广告发布方式，不能称之为不好，只能说效度太低，受众传达面过窄，最后导致整个团队搭建进度受到影响。

为了让读者能够更加清晰地了解泛家居行业可供选择的招聘渠道，知晓招聘什么样的人才应该选择什么样的渠道最为有效，对比各个渠道的优缺点，根据自身特定需求选择一个有效的招聘渠道组合，现将招聘渠道分类整理如下，供大家在工作实践中参考和运用。

1. 内部渠道

（1）门店渠道

依托门店本身进行招聘广告发布，吸引符合条件的候选人前来应征面试的一种招聘渠道，也是当前业内比较主流的招聘渠道。

操作要点：招聘广告的制作要符合吸引力法则。越有吸引力的招聘广告，越容易引起潜在候选人的注意，招聘效率也能得到同步提升。

若能做X展架或易拉宝，就尽量不要做A4纸打印广告。毕竟越大的展示面积，越吸引眼球，这是很浅显的道理。不要怕麻烦，不要在意这一点点的成本，对于招聘效率而言，这些额外增加的成本可以忽略不计。

如果是制作X展架或易拉宝，招聘内容字体颜色和写真底色的搭配也非常重要。底色尽可能选择醒目一点儿的颜色，如黄色或红色。一般选好写真底色之后，广告公司的专业人员会给出字体颜色的配色建议。排版过程中自己要亲自把关，确定颜色搭配方案是否符合吸引力法则。不专业的平面设计师和不负责任的广告公司也有很多，因此关键时刻，还得亲自把关。

渠道优势：更容易吸引行业内部人士，比较节省时间，如果有候选人来应征，马上就可以开始面试。并且，由于潜在候选人已经了解到门店的工作环境，节省了很多彼此相互了解的时间。

渠道劣势：不容易吸引行业外部人士，信息传播面比较受限，不容易让更多的潜在候选人知道门店的招聘需求。

(2) 内部转介绍渠道

利用现有团队成员的人际资源来实施招聘的一种渠道。简单地说，就是告诉团队成员，己方门店要招什么样的人，在他们的圈子里，如果有合适的人，他们可以向组织推荐。

操作要点：内部转介绍渠道一般适用于原有团队的优化、重建和纳新。内部转介绍渠道通常情况下要配套一定的激励措施，如每成功介绍一个人入职奖励多少钱，经试用后认为符合条件转正后奖励多少钱。再好一点的激励措施是，基于转正后新员工的当年业绩表现，额外再奖励多少钱。

总之，有了激励才能有动力。否则，内部转介绍渠道很难发挥其应有的价值。另外，需要补充说明的是，针对团队内部圈子观念、拉帮结伙意识比较浓厚的成员推荐的候选人，店长在考虑是否录用时一定要慎之又慎。否则，很容易为后期的团队管理埋下隐患。

渠道优势：传播面比较广，新员工融入团队的速度比较快。

渠道劣势：会增加一定的招聘成本预算，一旦操作不当，会给团队管理增加一定的风险和难度。

2. 行业渠道

(1) 异业联盟渠道

利用异业联盟其他成员单位的资源来实施招聘。联盟合作单位的资源一般包括门店招聘广告发布的空间资源、联盟合作单位的人际资源等。简而言之，就是把招聘信息在联盟圈层上进行扩散。一家店发布招聘广告比不过六家店同时发布招聘广告的效果。同样，一个门店团队的人际扩散，比不过一个联盟团队的人际扩散。

操作要点：异业联盟招聘渠道属于组织外部资源，在调用组织外部资源时，要遵循对价原则，即这一次你帮我，下一次我帮你。如果下一次我帮不了你，那么我就以其他方式进行补偿。

如你给我介绍一个销售人员，或我利用你的门店空间成功招到一个销售人员，但是，当你需要招聘时，我没有帮上你，那么我可以想办法给你介绍客户。这样才有可能有下一次合作。

如果是利用异业联盟内部的人际资源，排除经营者之间的互相帮助，如果确有成功转介绍并招聘成功的，还应效法企业内部转介绍渠道，给予介绍人适当的激励，标准应高于组织内部转介绍的奖励。

渠道优势：可以在更大范围的空间和人群中传播招聘信息，通过提高曝光量来引起更多潜在候选人的注意，进而显著提升招聘工作效率。

渠道劣势：在互相帮助过程中的对价标准很难衡量，因为每一个人在不同的组织中会有不同的价值产出。当对价原则不能得到保障时，很多时候就会存在"名义上的帮助"，导致这一渠道的效度无法持续。

并且对任何一个门店来说，优秀销售人员都是稀缺的，而且多数门店也都是常年招聘销售人员，渠道的操作可行性势必会受到影响。因此，在实际操作过程中要学会变通和灵活运用，如销售岗位确实存在冲突，则可以把销售岗位去掉，仅发布其他需求岗位。

（2）流动渠道

指借用业内送货、安装师傅的车辆或设备作为招聘广告发布的载体，来实施招聘的一种渠道。

操作要点：广告内容和配色要醒目，具备吸引力。广告材料要选择强度和耐久性好一点的材料，一般推荐选择户外用不干胶。

渠道优势：因为其渠道属性具备流动性，可以让招聘广告信息在更大的物理空间范围内进行传播。譬如很多新交房的小区所在区域还属于新区，或城市的犄角旮旯，在这些地方常规招聘渠道很难及时完全覆盖。但通过流动招聘渠道，我们可以及时地将招聘广告信息传播出去。

渠道劣势：会增加一定的招聘成本，同时，招聘广告材料需要定期更新和维护。

3. 自媒体渠道

自媒体渠道主要是利用组织内部团队成员的自媒体平台发布招聘广告，实施招聘的一种方式。传统的自媒体渠道包括QQ（群）、微信（群）、微博等；新兴的自媒体渠道包括抖音、快手等。

操作要点：要经常性发布，尤其是群组类型的平台，如QQ群或微信群。新兴的自媒体不能光有招聘广告信息，同时还应该有一些工作场景、团队氛围展示、视频解说等动态的广告内容，否则很难达到预期的效果。

渠道优势：自媒体渠道如果运用得当，其效果是惊人的。且由于其曝光量很大，招聘广告信息可以在较短的时间内传达给目标受众。

渠道劣势：自媒体渠道的运用需要有一定的资源储备或操作技巧，如粉丝数量、群组数量这些资源储备，视频拍摄、剪辑及后期制作这些短视频制作技巧，都会对渠道招聘效果产生直接影响。

4. 互联网渠道

（1）本地网络论坛渠道

通过在本地互联网社区发布招聘广告并实施招聘的一种方式。本地网络论坛渠道一般适用于一、二线城市。

操作要点：仅选取当地人气最旺的本地论坛发布招聘广告，定期更新，积极互动。内容介绍要尽可能详细，内容编辑要尽可能诙谐幽默，最好有工作环境或能体现工作氛围的内容展示。

渠道优势：成本较低，操作简便。

渠道劣势：需要及时关注动态并定期更新维护，时间成本较高。

（2）专门性的本地招聘渠道

通过当地专业招聘渠道发布招聘广告信息来实施招聘的一种方式。本地专业招聘渠道网站各地方都不同，具体可自行了解。

操作要点：本地专门性的招聘网站多数都是付费的，在付费之前一定要对网站在当地的知名度和人气做个基本的了解。如果没有很大的把握，可以先和平台方业务人员谈试用期，体验一下效果。如果试用满意，再付费购买套餐。

渠道优势：群体受众定位更加精准，效率更高。

渠道劣势：招聘成本预算更高。

（3）全国性的综合招聘渠道

通过向厂商寻求支持，利用厂商的全国性招聘渠道资源进行招聘的一种方式。多数一、二线品牌厂商一般都会是几个全国性综合招聘网站的会员，若经营者积极向厂商申请，一般只要厂商资源并非紧张到捉襟见肘，就都会给予支持，怕的就是你知道资源可用却不申请。

操作要点：如需要借用厂商招聘资源，则人才画像、岗位要求、岗位需求人数等基础准备工作要做好。不要指望厂商给你提供一站式服务，毕竟厂商的人力资源人员也很忙。就算第一次碍于情面帮你，下次也会以资源紧张为由把你回绝。如果厂商愿意支持，但限定岗位发布数量，则按照设计师、销售主管、业务员的优先级排序上报即可。通常设计师或主管类岗位更适合通过厂商的专业招聘渠道招聘。

渠道优势：既保证了招聘广告信息能够精准传达给受众，又做到了不花一分钱，堪称高性价比的典范。

渠道劣势：因为是求人办事，所以厂商的人力资源人员很可能对招聘信息的动态反馈不够及时。另外,全国性综合招聘渠道输出的候选人,除设计师岗位外,多数情况下可能匹配度并不是很高。

5. 客户渠道

客户渠道是指通过利用组织的新老客户资源来实施招聘的一种招聘方式。

操作要点:利用客户渠道进行招聘,首先要对客户比较了解,知道哪些客户拥有哪些可利用的资源。如你知道某个客户在你所在城市的核心地段有一个沿街服装店,那么你可不可以利用他的门店资源来摆一个招聘广告展架呢?当然是可以的,前提是对方愿意为你提供帮助和支持。

再如,你知道某个客户抖音上有很多粉丝,你也可以让他帮你发一个招聘广告进行曝光和扩散。

对客户的了解是前提,客户愿意帮你是基础,二者缺一不可。这种愿意既来自对方对己方门店所提供服务的高满意度,也来自平时的感情维系和互动。

渠道优势:可以将组织资源利用最大化,增强与客户之间的互动。

渠道劣势:多数情况下,客户未必是发自内心想要提供帮助,很可能是碍于情面,这会导致效果有限。

每一种招聘渠道都有其自身的利弊,不同的区域市场和组织背景也会对招聘渠道的应用和成效产生直接影响。关键在于店长要根据实际情况做出选择和取舍,进而保证招聘工作能够有序高效推进。

五、人员培训

由于销售岗位的流动性较大,在招聘已经常态化的情况下,如何快速帮助团队内部的新同事成长,已经成为店长日常工作中必须要面对的一个重要课题。当前行业的终端门店新员工培训,基本还处在自然成长阶段。

一方面,多数店长要达成业绩指标,跟进销售进展并处理店面日常事务,并没有太多时间和精力来跟进新同事的成长;另一方面,大多数店长针对新员工培训具体应该如何开展和实施,也没有明确的方向和实操经验。接下来,我们一起来探讨一下,泛家居行业终端门店的新员工培训如何开展和实施。

1. 设计学习计划及阶段任务目标

新员工的学习计划及阶段任务目标制定可以参考表 1-2。

表1-2　门店新员工入职培训——关键任务完成状态跟进表

门店新员工入职培训——关键任务完成状态跟进表

姓名_____　　报到时间_____

编号	关键任务	时间	单位	实际历时	任务状态	任务未完成原因	责任人
1	团队文化		时				
2	管理制度		时				
3	专业知识		天				
4	服务与流程		天				
5	工具运用		天				
6	销售技能		天				
7	阶段考核		时				

从表1-2可知，当我们将完整的学习计划编制好之后，可以很清晰地知道一个新员工的培训工作应该如何推进，而新员工也可以明确自己将要学习的内容和具体的任务要求。

表1-2中的内容仅供参考，终端门店管理人员应结合组织的实际情况，根据不同岗位灵活地设计新员工的学习计划和阶段任务。初次设计新员工学习计划和阶段任务，可能不一定那么完美，甚至会犯一些错误，但只要我们能不断地反思和复盘，就一定能够慢慢摸索出属于自己的一套编制新员工培训计划的方式和方法。

2. 培训准备

培训准备包括培训资料准备、培训工具准备、人员准备、时间准备和场地准备。

（1）培训资料准备

包括产品专业知识方面的书面和视频资料，组织或团队文化方面的书面和视频资料，工作流程方面的书面和视频资料，销售技能方面的书面和视频资料，门店管理和运营相关的书面和视频资料等。

如果上面提及的资料连基本的书面资料都还没有或不完整，那么这刚好是一次完善门店管理和运营体系的机会。

（2）培训工具准备

包括产品的样品、样件（小样）、零配件、内部构造模型；视频播放设备；

涉及门店销售与服务的硬件或软件，如店内订单本、厂商订单软件、方案设计软件、产品及方案演示软件等。

（3）人员准备

店长可以根据实际情况选择参与新员工培训的人员。并非所有的新员工培训任务都要店长一人承担。适当的分工不但可以减轻店长自身的工作负担，同时也能让老员工感受到自己得到了充分的认可和尊重，一定程度上还能起到激励老员工的作用。

（4）时间准备

尽可能安排在非周末时间段，这样一方面可以保证有足够的时间可以支配，另外一方面可以降低因处理必要事务而不得不中断培训的概率。

（5）场地准备

在有条件的门店，最好选择在封闭的房间进行培训，这样可以保证培训过程尽可能不受外界环境的干扰。

3. 建立日、周学习总结分享制度

在团队规模较大的门店，店长可以要求处在培训阶段的新员工每日提交一份书面学习总结，一方面让新员工感受到学习的严肃性和紧迫感，另一方面可以便于店长及时了解新员工的学习进度。

除了每日工作总结外，店长还应该每周抽出一部分时间，来和新员工进行一次面对面的沟通，了解新员工的阶段性学习成果。并不是所有的学习成果都可以通过书面总结得到呈现和反馈，涉及工作流程、服务标准和销售技能等方面的学习成果都需要面对面测评才能准确掌握。

4. 指定带教人员

指定带教人员实际上就是给新员工找到一个能够引领他不断成长直到能够独立完成工作的老师，也就是"师徒制"的一种表现形式。

在指定带教人员时，针对带教老师也要设置一个基本的带教任务，例如在什么时间，带教老师应完成什么带教任务。同时基于任务，设置一定的带教激励奖金，只要带教老师能够按时完成任务，就给予其规定的奖金。

在指定带教人员时，店长除了要考虑带教人员的经验和能力之外，还应该着重考虑带教老师和被带新员工在性格特质层面是否存在明显的冲突。

如带教老师本人是个急性子，做什么事情都是风风火火，而新员工偏偏是个慢性子，做什么事情都不紧不慢，如果将这两个人划定为师徒关系，其结果多半不会很理想。

5. 场景模拟实战

针对已经完成基本学习计划和任务的新员工，店长要定期组织与岗位相关的实战模拟演练。通过实战模拟，帮助员工找短板，找不足，然后明确新员工主要的学习深化方向。

如针对门店设计师可以随意给出一些基本需求，要求其根据所述需求，给出具体的解决方案。根据新员工提交的解决方案以及对方案的演示和阐述，研判新员工的成长进度。如存在不足，就要分析他是在客户需求理解方面不精准，在构建解决方案方面不科学，还是在使用相关工具方面不熟练。总而言之，只要存在问题，就一定要及时发现。并且，演练过程本身也是对新员工的一种历练。

针对销售人员岗位可以模拟顾客了解产品、探讨方案、价格谈判等。

6. 案例分享与分析

对于已经能够基本独立完成工作的新员工来说，可以通过分享门店既往或最近发生的一些案例的方式，来提高新员工对工作过程或销售过程的把握能力。

针对不同的方案，店长可以通过双方分析的方式，来帮助新员工理解岗位角色。一般双方分析主要是站在顾客角度分析顾客心理与行为，站在销售、设计师或安装人员角度分析组织团队内部人员的心理与行为。同时把双方在心理与行为方面的矛盾点和契合点进行抽提解读。这样新员工会更加容易理解，在不同的工作环境下，应该如何主导并高效完成一次沟通、销售或客户服务。

确定门店人员净需求、编制人才画像、选择招聘渠道、实施新员工培训环环相扣，步步相连。作为终端门店管理人员，如果我们想要自己不断进步，走向卓越，就必须要理解这些基本的概念并具备实操技能。如果现在不会，那也不要紧，马上开始行动，开始实践，你的进步和卓越就是从你决定开始的那一刻开始的。否则，你将只会是一个"名义店长"。

第二节
怎么做才能让团队保持干劲儿

经历了前期的招聘和新员工培训，就完成了门店团队搭建的基本工作。但这还只是前期准备，真正的门店团队管理工作才刚刚开始。在现实终端管理实践中，我们都知道如果只是有团队，但是团队工作没有效率，没有动力，没有竞争力，那么这一切都是空中楼阁，甚至前期所有的团队搭建工作也将变得毫无意义。

那么怎样才能让团队保持干劲儿，始终让团队充满激情和战斗力呢？谈到这个话题，自然绕不开薪酬、绩效考核、激励与内部竞争这些管理内容。可以说，任何一个组织想要获取持续发展，都离不开这些管理举措。

如果一个门店的薪酬设计、绩效考核、激励与内部竞争还都处在底薪加提成的模式下，那么只能说明这个门店的管理方面还有很大的提升空间。或许有人会问："大家不是都这样吗？这么多年下来不也过来了吗？"这些问题都是存在的，但不可否认的是，在任何一个区域市场，如果还继续沿袭这种粗浅的管理方式，落后与否未知，但是进步已经举步维艰了。

那要怎么做，才能保证我们的管理举措和机制是有效的？尤其是涉及团队核心利益方面的薪酬与激励。这就是本节重点要阐述的内容，也是对当前泛家居行业终端薪酬与激励管理机制和模式的创造性探索。

一、门店薪酬设计

（一）薪酬设计的原则

薪酬设计应遵循公平性原则、开放透明原则、竞争性原则和价值对等原则。

（1）公平性原则

公平性原则是指同一岗位、同等条件下应该给予员工同等水平的薪酬，不能因为某个员工是老板的亲戚或关系户，而区别对待。如小王经常哄老板开心，他的工资底薪比同等条件的小李多500元，这明显就违背了公平性原则。

（2）开放透明原则

开放透明原则是指同一岗位不同员工之间彼此薪酬透明，不存在不能说的秘密。只是针对同一岗位，不是整个团队，这一点大家不要混淆。

（3）竞争性原则

竞争性原则是指薪酬设计不能低于当地同行业的平均水平，否则招人是一个问题，而留人更是一个问题。

（4）价值对等原则

价值对等是指同一岗位之间，因员工的背景、能力和经验等实际条件存在较大差别，预期为组织和团队创造的价值也将会存在较大差别的情况下，我们应该采取区别对待的方式，否则既违背公平性原则，也无法吸引更多的精英加入团队。

（二）传统薪酬模式的对比

（1）固定工资制

固定工资制是一种非常传统的薪酬模式，在部分区域市场，主要针对的是驻店设计师这种职能性岗位。

优点：操作简便。

缺点：无法充分调动员工积极性，只能保证员工把事情做完，但不会激励员工把事情做好。

（2）"底薪+提成"制

这种模式不但在泛家居行业终端门店薪酬管理应用中是主流，在大部分有销售岗位的行业或组织也是一种主流。然而这种薪酬模式只能说可用，但若想对团队产生激励，还远远不够。

优点：操作简便，相对成熟。

缺点：不能更好地激励团队，循规蹈矩，缺乏创新。

（三）薪酬模式探索

1. 设计师岗位薪酬设计

底薪加提成是基础，如果现在还维持固定工资模式的，终端门店管理人员应予以改进优化。提成可以按销售额提，也可以按单数提。二者没有明显的优劣之分，只有适合与不适合。

例如己方门店设计工作量很大，单值越大，设计难度和工作强度也越大，这时可以考虑按销售额提成的方式。如果己方经营的品类不同，其单值的差别对设计师的工作强度不会产生特别大的影响，那么可以考虑按单值提成的方式。不管选择哪一种方式，针对设计师岗位，底薪加提成的方式已经是一个基本的薪酬组合方式了。

（1）A模式（底薪+提成+销售参与奖金）

A模式下的设计师岗位薪酬设计，在底薪加提成的基础上，增加了一个销售参与奖金。设置这个销售参与奖金模块的目的是推动和激励设计师在时间条件允许的情况下，积极参与销售的过程，辅助销售人员完成销售或客户解决方案的确定。

针对全屋定制、整木、整合软装、石材等非标准化或标准化不充分的品类，当涉及整体化解决方案沟通时，尤其是涉及风格融合与颜色搭配时，销售人员的专业度与说服力和设计师相比，还是明显薄弱一些。如果有了设计师的积极参与，相对而言，客户转化率会大大提高。

操作要点：在"底薪+提成"的基础上，设计师如果全程参与销售过程并配合销售人员完成客户解决方案的实施，按总单值的0.5%～1%计提销售参与奖金。在实施过程中千万不能将这一部分直接合并到提成里，这样会把薪酬模块的职能和定义混淆。

（2）B模式（底薪+提成+订单增值奖金）

B模式下的设计师岗位薪酬设计，在底薪加提成的基础上，增加了一个订单增值奖金。设置订单增值奖金模块的意义在于可以激励设计师针对那些有购买力的客户群体，实施订单增值。

因为各种原因，如销售人员并不是很了解客户的购买力和消费水平，或受客户的消费理念所限，导致他们的购买力水平和他们选择购买的产品或服务不在一个水平线上，这样会造成门店客户资源的极大浪费和客户的购买决策失误。

事实上，并不是所有的客户都喜欢买廉价的商品，相比于价格，很多有购买力的客户更在意的是产品质量性能或服务体验，尤其是家具建材这种耐消品。有了订单增值奖金，在与客户进行方案沟通时，如果存在纠偏和增值的空间，设计师就更加有动力去推动订单的增值。

操作要点：在底薪加提成的基础上，如果设计师成功完成订单增值，根据增值后的订单单值与增值前的订单单值的差额部分，计提2%～3%作为设计师订单增值奖金。

例如，某整木定制旗舰店销售人员小王，签了一个3万元的订单。设计师通过与客户沟通发现，该客户比较有购买力，只是消费理念和对产品的认知还不到位。经过设计师的努力，客户原本选择的樱桃木材料，成功转换成美国红橡木。如果给设计师核算该笔订单的增值奖金，假设他所在门店的订单增值奖金计提标准为3%，则计算方式为3%×(65000-30000)=1050元。

（3）A模式与B模式对比

A模式更强调设计师的参与过程，B模式强调的是设计师对结果的把握和利用。具体选择哪一种薪酬模式，需根据品类、设计师日常工作负荷、组织期望等综合考虑确定。

2. 门店销售人员岗位薪酬设计

门店销售人员的岗位薪酬仍然可以按照"底薪+提成+奖金"的模式作为

基础结构，看上去好像只是比传统的"底薪＋提成"模式多了一个奖金模块，但事实上，此处的底薪与提成已经和传统意义上的底薪与提成有了很大区别。

传统意义上的底薪和提成基本是静态的，即相对稳定不变的。而我们探索的底薪加提成则是动态的，并且会随着销售人员对组织输出的价值曲线波动而变化，我们可以将其称为柔性的薪酬结构。

柔性薪酬结构需要组织有岗位职级设计，这是柔性薪酬结构得以开展和实施的基础。就泛家居行业终端而言，三级岗位职级设计已经足够覆盖大多数终端门店。如表1-3是某门店销售人员岗位职级与底薪变动表。

表1-3　某门店销售人员岗位职级与底薪变动表

××门店销售人员岗位职级与底薪变动表

职位名称	职级	底薪标准	销售额区间	浮动周期
销售专员	X1	4000元	50万元以下	1年
资深销售	X2	5500元	50万元（含）～80万元	1年
金牌销售	X3	7500元	80万元（含）以上	1年

由表1-3可知，当我们对门店销售岗位进行职级划分后，销售人员的职级和底薪会随着其个人年度业绩的变化而变化。这样可以让销售人员始终明白一个道理，只要自己业绩做得好，就可以不断进步，更上一层楼。相反，如果自己不够努力，那么底薪和职级很有可能会下降。

同时，终端门店的职业发展空间本身有限，岗位职级和浮动底薪设计在一定程度上也可以弥补这方面的不足。并且，我们前文提到了针对个体条件有差异的同样岗位的员工，在给付薪酬方面，我们应该区别对待。可是这种区别对待往往又伴随着人才评估风险。

如我们认为某个新员工行业资历较深，面试表现优秀，进而给付了比同等岗位其他员工高一些的薪酬。可是，到年底才发现，这个员工的实际业绩贡献并非如预期那样理想。在这种情况下，岗位职级和浮动底薪设计就能很好地规避这一潜在风险。

基于岗位职级的浮动底薪基础，我们可以探索出A、B、C三种不同的柔性薪酬模式组合，具体如下：

（1）A模式（浮动底薪＋提成＋月度任务达成奖金）

对比传统的"底薪＋提成"模式，A模式采取了动态的浮动底薪设计，但提成仍维持在原有的静态状态，同时增加了月度任务达成奖金。月度任务达成奖金是建立在完成月度销售任务指标基础上的定额奖金。

操作要点：在有岗位职级变动及浮动底薪机制和提成标准的前提下，组织还需确认每一个销售人员的月度销售任务指标。月度任务达成奖金按照完成即奖的原则设计即可。

优点：相比于传统的薪酬模式，A模式只对底薪进行动态改良，增加了月度任务达成激励，转变跨度不大，更容易被习惯了传统薪酬模式的团队接受，薪酬改革的阻力较小。同时，可以一定程度上提高员工的积极性，降低选人用人失误带来的管理风险。

不足：由于是局部优化改进，其薪酬改革的效果和对团队的激励作用还比较有限。

（2）B模式（浮动底薪＋阶梯提成＋月度任务达成奖金）

对比A模式，B模式不但对底薪部分进行了动态改良，而且对提成模块也进行了动态化的设计。月度任务达成奖金仍保持与A模式相一致。

B模式的操作要点：相比于A模式，组织还需确认阶梯提成的标准（表1-4）。

表1-4 阶梯提成标准设计表

提成标准	标准	时间范围	限制条件
1%～2%	30000元以下	月度	以回款数额为准
3%	30000～50000元		
4%	50000元以上		

由表1-4可知，当销售人员达到不同的业绩指标时，其相应的提成标准也存在差异。

优点：进一步提高了柔性薪酬结构的动态范围，适应性更强，更能发挥薪酬本身的激励作用。

不足：一定程度上增加了薪酬设计的难度和薪酬核算的复杂性。

（3）C模式（浮动底薪＋浮动提成＋浮动月度任务达成奖金）

相比于A、B两种模式，C模式下的薪酬结构实现了整个薪酬结构的全模块动态化，是柔性薪酬模式最直接的呈现。

操作要点：C模式除了要具备A、B两种模式的基础管理条件，同时还需要设计一个可变的浮动月度任务达成奖金激励标准（图1-5）。

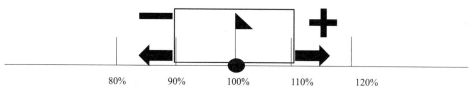

图 1-5　浮动月度任务达成奖金激励标准

结合图 1-5，我们一起来看一下如何设定浮动月度任务达成奖金激励标准。以月度任务具体指标为基础，先冻结一个固定安全区域，即图 1-5 中方框框定的区域。在固定安全区域内，任务指标达成，兑现激励；任务指标未达成，取消当月任务达成奖金。任务指标超额完成，但未超出安全区域，仍然按照既定标准给付激励。固定安全区域的范围可以根据实际情况自行调整。

如当月任务达成且业绩额度超过了固定安全区域，按实际超出的比重等比例增加奖金。相反，如当月任务未达成且业绩额度完成程度低于安全区域，按实际完成程度与任务指标的差值等比例倒扣月度任务达成奖金。

例如，某木门专卖店的销售人员小王 3 月份月度任务指标为 50000 元，月度任务达成激励奖金的标准为 300 元。假设按照图 1-5 给出的固定安全区域标准进行冻结，则小王 3 月份如完成 50000～55000 元（不含）的销售业绩，那么他当月只能拿到 300 元的月度任务达成奖金。如完成 45000～50000 元（不含）的销售业绩，则小王虽然拿不到月度任务达成奖金，但也不会被倒扣。

如小王 3 月份实际完成销售业绩 60000 元，完全超出了冻结的安全区域，且超出比例为 20%，那么 3 月份他应得的月度任务达成激励奖金应为 300+20%×300=360 元。

如小王 3 月份实际完成销售业绩 30000 元，完全未触及冻结的安全区域，且与任务指标标准存在 40% 的差额。那么 3 月份他应得的月度任务达成激励奖金应为 -40%×300=-120 元。小王 3 月份不但拿不到月度任务达成激励奖金，反而还要被倒扣 120 元。

C 模式的优点在于可以把柔性薪酬结构模式的价值发挥到最佳，有效保证了组织内部员工的价值和回报的对等。可以最大限度地发挥薪酬本身对员工的激励作用，全面调动组织内部员工的积极性。

C 模式的不足在于，薪酬结构的开展和实施需要一定的经验和技术储备，在没有专业人员介入辅导的情况下，实施难度较大。另外，薪酬的核算和确认工作也将更加耗时，一定程度上增加了时间成本。

二、门店绩效与考核指标的设计

终端门店的绩效考核不需要过多复杂的设计,一是没必要,二是如果真这么操作,会增加更多的额外成本。设计好与薪酬、激励、内部竞争息息相关的一些关键绩效指标和员工的基本工作态度、客户满意度等指标就已经足够了。由于门店薪酬结构中没有绩效这个模块,所以门店的绩效与考核基本上是为薪酬和激励服务的。

门店的绩效考核指标按周期不同可以划分为月度绩效指标和年度绩效指标。

1. 月度绩效指标

月度绩效指标主要包括:月度任务指标达成率、月度客户转化率、月度业绩同比增长率、工作态度与客户满意度、当月销售业绩排名。

(1) 月度任务指标达成率

月度任务指标达成率主要是基于销售人员个人月度任务指标,来考查其月度任务指标的完成程度。

(2) 月度客户转化率

月度客户转化率是指销售人员当月完成签单客户占当月实际报备的意向客户数的比重。它主要考查的是销售人员的客户转化能力。

(3) 月度业绩同比增长率

月度业绩同比增长率主要考查的是销售人员当月实际完成的业绩对比去年同期的增长情况,反映的是市场的景气程度和销售人员保持绩效持续稳定增长的能力。

(4) 工作态度与客户满意度

工作态度与客户满意度考查的是门店销售与服务人员在工作过程中所表现出的态度以及为客户提供服务后,客户对其服务结果的满意程度。工作态度的判定主要来自其直接上级的主观评分,客户满意度的评判主要来自其所服务的全部或部分客户的主观评分的均值。

工作态度与客户满意度核算过程如下。

第一步,通过员工上级的主观评价,给员工当月的工作态度按照最低0分,最高10分的标准进行打分。

第二步,用上级的实际打分数值乘10%得出当月工作态度绩效结果,如$7 \times 10\% = 70\%$。

第三步,对员工当月已经签单的客户进行满意度调查,每个员工每月最多调查10位客户,如员工当月服务客户数超过10,对选单值排名前10的客户进行调查。按照标准（非常满意计100%，满意计85%，基本满意计70%，一般计60%，不满意计40%，非常不满意计1%）进行评分。

对所有调查的客户满意度分数进行加和，再除以总的调查客户数，即得出当月的客户满意度结果。

如某门店3月份针对某销售人员进行了一次客户满意度调查，总计调查客户数为6，6位客户的满意度调查结果分别为85%、40%、100%、60%、85%、70%。

通过计算"（85%+40%+100%+60%+85%+70%）÷6≈73%"，该员工当月客户满意度绩效结果为73%。

第四步，将工作态度绩效结果和客户满意度绩效结果加总后除以项数2，得出当月员工的工作态度与客户满意度绩效考核结果。如某员工当月的工作态度绩效结果为75%，客户满意度绩效结果为68%，则该员工当月的工作态度与客户满意度结果应为（75%+68%）÷2=71.5%。

（5）当月销售业绩排名

当月销售业绩排名主要考查团队内部个体的销售业绩在整个团队中的空间占位。它反映的是销售人员个体之间的价值和对组织贡献程度的差异。

2. 年度绩效考核

年度绩效考核指标主要包括年度门店业绩指标完成率、年度门店销售业绩同比增长率、个人年度业绩指标完成率、个人年度销售业绩排名、年度工作态度与客户满意度排名。

（1）年度门店业绩指标完成率

年度门店业绩指标达成率反映的是整个门店团队的综合竞争力，是门店管理和运营的实际成果。

（2）年度门店销售业绩同比增长率

年度门店销售业绩同比增长率反映的是门店团队持续稳定创造价值的能力，同时间接反映了门店团队的稳定性、管理和运营质量的提升程度。

（3）个人年度业绩指标完成率

个人年度业绩指标完成率反映的是个体的年度价值产出和对组织的贡献。相对于月度个人业绩指标完成率，个人年度业绩指标完成率对个体价值和贡献的反映程度更加客观和真实，因为它是平均了淡旺季后的结果。

（4）个人年度销售业绩排名

个人年度销售业绩排名，反映了个体之间的价值和贡献程度的实际差距，并且是相对真实客观的反映。

(5) 年度工作态度与客户满意度排名

年度工作态度与客户满意度反映了个体在过去一年工作过程中所表现出的主观态度以及对客户服务质量的保持程度。

三、门店激励机制设计

为了能够使团队充满动力，全面调动每一个团队成员的主观能动性，单纯依靠薪酬设计或创造性的薪酬设计还稍显乏力。在薪酬的基础之上，还应该设置一些激励。激励的总体规划定位可以以物质为主，精神为辅。根据激励和考核的周期不同，可分为月度激励、季度激励、半年度激励和年度激励。

1. 月度激励

月度激励主要包括月度销售冠军激励和月度任务指标达成率冠军激励。

(1) 月度销售冠军激励

操作要点是月度销售冠军激励除了要设定额奖金外，还应该在门店专门开辟一块文化墙区域，将其命名为"月度风云榜"。将每个月销售冠军的个人照片悬挂在上面，作为荣誉。同时，对月度销售冠军的评定还应设置一些附加条件，如必须是完成月度任务的销售冠军才有资格享受激励。

(2) 月度任务指标达成率冠军激励（超额比重）

操作要点是月度任务指标达成率除了要有定额奖金、风云榜展示这些基础操作外，还应该设置一些附加条件。如必须是月度任务指标达成率120%以上的当月冠军才可以享受到月度任务指标达成率冠军激励。

2. 季度激励

季度激励主要是工作态度与客户满意度冠军激励。取当季月度工作态度与客户满意度的平均值，除定额奖金和风云榜展示这些操作外，无需设置其他附加条件。

3. 半年度激励

半年度激励主要是旅游、拓展与消费激励。激励对象的主体是团队而非个人。如完成团队半年度任务指标，可以给予团队旅游、拓展或消费激励中的一种或两相结合。半年度的激励需要在设置年度激励时明确激励预算，而激励形式可以通过民主方式决定，听取团队大多数人的建议，这样的激励效果会更加有保障。

4. 年度激励

年度激励包括年度销售冠军激励、年度任务指标达成率冠军激励、年度工作态度与客户满意度冠军激励、个人年度任务指标达成率激励、团队年度任务指标达成率激励、年度特别激励。

年度销售冠军激励、年度任务指标达成率冠军激励、年度工作态度与客户满意度冠军激励的具体操作思路可参考月度激励和季度激励。其他激励具体如下。

（1）个人年度任务指标达成率激励

个人年度任务指标达成率实质上就是年终奖金的一种表现形式，不同的是，广义的年终奖金人人有份，而个人年度任务指标达成率激励则是建立在完成年度任务指标的基础之上，这是必要条件。

个人年度任务指标达成率激励机制需在年度任务指标分配时同步公布，这样可以让每一个团队成员明白，组织不只是安排任务，同时也在安排奖励。这样可以减少年度任务指标分派时你多我少的争议，缓解团队成员的心理压力。毕竟，任务指标越高，相应的年度任务指标达成率激励也会越高。

激励设计的目的和意义是可以增强团队的稳定性，引导团队成员实时关注自己的业绩指标完成情况，保证团队内部激励机制的开放和透明，可以强化团队成员有付出必有回报，多劳多得的职场价值观。

（2）团队年度任务指标达成率激励

年度任务指标达成率激励的主体是团队，如团队完成了既定的年度任务指标，整个团队可以分享一定数额的现金奖励。需要在确定年度团队任务指标时同步确定团队年度任务指标达成率的激励机制。以年度团队任务指标为基础，确定完成和超额完成年度任务指标的标准，根据这种标准确定激励配置的具体金额。

关于团队年度任务指标达成率激励奖金的分配，可以参考以下三种模式：

① 管理人员定额分配。根据团队内部不同岗位的重要程度，配以对等的年度任务指标达成率分配比重，来展开内部分配的一种奖金分配机制。如店长分享团队年度任务指标达成率奖金总额的15%，店长助理分享8%，金牌销售分享5%，资深导购分享4%，销售专员分享3%，等等。

② 以个人年度工资额占比为标准的比例分配。将团队成员个人年度工资总额占团队年度工资总额的比例，作为团队年度任务指标达成率奖金分配的标准和依据，来开展内部分配的一种奖金分配机制。

比例分配的优势在于可以尽可能照顾到整体，奖金分配的标准和依据相对客观一些。不足之处在于，不容易体现团队内部关键岗位在年度任务指标达成过程中的付出和创造的核心价值。

③ 管理人员定额分配和以个人年度工资额占比为标准的比例分配相结合的分配机制。这种分配机制可以很好地弥补两种方式的不足，避免过于偏向于某一方面。具体操作可以先将团队年度任务指标达成率奖金划分为两个部分，如一部分为30%，另一部分为70%。30%的部分仅用于团队关键岗位定额分享，余下70%由非关键岗位按照个体年度工资额比例分享。

两相结合的分配机制难点在于，这种方式一定程度上提高了奖金分配机制的设计难度，因此，各位业内终端管理者需根据实际情况，结合自己的管理经验和技能，灵活掌握运用。

（3）年度特别激励

年度特别激励主要是针对员工的生日、妇女节、青年节这些专属节日，还有父亲节和母亲节这些特别节日给予员工一些特别的激励。

如员工的生日当天，可以带薪休假一天，同时送上蛋糕券一张、电影票一张或两张（视情况）。这样会让员工感受到浓浓的暖意，很容易找到归属感。

需要注意的是特别激励的重点不在于花费多少预算，而在于它的表现形式。当实行特别激励时，员工一定能够感受到这份爱和关怀，这样管理的目的也就实现了。

四、门店竞争机制设计

市场经济的最大特点就是通过市场竞争的手段，来自发调节资源在全社会范围内的流动和分配，最终实现资源合理分配的目的。因此，在市场经济环境下，竞争无处不在。

以泛家居行业为例，没有哪个成熟的建材商场会只有一家瓷砖、木门或卫浴店。如果不止一家，那就一定会存在竞争。也正是因为竞争的存在，全社会各行各业都在不断想办法为客户提供更好的产品和服务，以谋求在竞争中获胜。从这方面来看，竞争是有利于发展的，也有利于充分调动市场经济环境下个体和经营主体的主观能动性。

终端想要参与市场竞争，自然也要不断发展，不断进步，既然竞争对于发展是有利的，那我们也非常有必要在终端管理中引入竞争这一要素，和前文所述的薪酬与激励一道，共同推动终端的持续发展。

根据泛家居行业终端的特点，我们可以利用小组对决和个人对决的方式来建立团队的内部竞争。

（一）小组对决

小组对决是指以小组为单位，以预设的对决标的作为判定标准，在规定时间内对小组标的实际达成结果进行考核，对于胜出小组给予激励，对于失败小组给予惩罚的内部竞争机制。

小组对决实施的条件：年度门店平均在岗人数（承担业绩指标的销售人员）为7人以上的，可以设置小组对决机制，否则完全没必要。

小组对决操作要点：小组之间要达到相对的综合能力均衡，即势均力敌。定期对小组人员进行调整和重新分配，以防止分帮立派。

小组对决机制设计如下。

（1）小组对决标的

小组对决的标的应选择综合标的模式，这样更能反映出小组的综合绩效产出和价值贡献。综合标的简单地说就是通过一个有效的对决标的组合，来测试个体或群体对标的的作用和价值。

建议选择小组当月实际业绩（已汇款）、小组当月已签订单数（已按要求付清押金或定金）、小组当月平均工作态度和客户满意度绩效结果三个指标项组成一个综合对决标的。

（2）小组对决综合标的指标项赋权

由于是综合标的，我们需要对每一个指标项进行赋权，否则将无法统计具体的标的作用结果。指标项赋权的依据是指标项在综合标的中的重要性和对组织的直接贡献程度。可以按照小组当月实际业绩的40%、小组当月订单数的40%、小组当月平均工作态度和客户满意度绩效的20%进行赋权。当然这个不绝对，具体权重大小可适当自行调节。

（3）小组对决绩效核算

以某门店为例，某门店A小组3月份当月回款业绩为181568元，当月订单数为39，当月平均工作态度和客户满意度绩效为71%；B小组3月份当月回款业绩为235368元，当月订单数为28，当月平均工作态度和客户满意度绩效为69%。

假设该门店按照上文指标项赋权标准核算对决结果，则计算过程和结果为：

A小组：$(181568 \div 100000 \times 0.4) + (39 \times 0.4) + (71\% \times 0.2) = 16.468272$

B小组：$(235368 \div 100000 \times 0.4) + (28 \times 0.4) + (69\% \times 0.2) = 12.279472$

经计算，A 小组 3 月份综合标的结果比 B 小组高，在对决中获胜。

通过观察计算过程，可以看到，针对销售额我们做了除权处理，避免额度太大影响到对决结果的核算。销售额除权原则按照具体小组销售额（50 万元以下）除以 100000 即可。小组销售额超过 50 万元的，可以按照 1000000 除权。

（4）小组对决时间周期

建议以月度为单位进行考核，遇到春节假期等特殊时间段可以考虑将不足月的月份合并到下一自然月考核。如可以取消 2 月份小组对决，将 2 月份数据合并到 3 月份进行统计核算。这样既保证了内部竞争的持续性，也免去了不足月的无意义对决。

（5）保证金、奖金设置

每一个小组的成员各拿出 50～100 元，作为小组对决保证金先行交付到组织层面。组织根据小组预交的保证金按比例投放一部分对决奖金。一般组织投放的奖金和小组预交的保证金比例控制在 3∶1 会比较合理。如某门店 A、B 两个小组各预交对决保证金 200 元，那么作为组织的门店应该投放的对决奖金为 600 元。

保证金、奖金的设定具体可根据组织的发展阶段、支付能力、团队文化和参与对决的小组规模等因素综合确定，灵活调整。

（6）小组对决奖金分配

胜出小组享受当月所有参与对决小组预交的保证金和组织投放的对决奖金。小组内部奖金分配可以按照如下原则进行：每个人先行收回自己预交的对决保证金，余下金额按照三人组"40%+30%+30%"，四人组"34%+22%+22%+22%"的比例分配即可。

（二）个人对决

个人对决是指以个体为单位，以预设的对决标的作为判定标准，在规定时间内对个体标的实际达成结果进行考核，对于胜出个体给予激励，对于失败个体给予惩罚的内部竞争机制。

个人对决除了要考虑对决双方势均力敌外，还应综合考虑参与对决的个体之间实际的综合能力差异程度，并据此选择有针对性的对决方案。

个人对决机制设计如下。

1. 个人对决标的

个人对决标的既可以选择单项指标标的，也可以像小组对决那样选择综合标的，具体依据组织实际管理环境以及基于这种管理环境衍生出的管理需求来定。如预计参与对决的个体基本条件相差不大，选择单项指标标的比较合理，操作起来也比较简便。

如果个体之间存在较大差别或有一定差距，组织又希望在团队内部植入竞争因素，那么除了要依靠综合指标标的操作外，我们还需要引入一些相对指标或调整一下对决标的的作用方向。

一般而言，个人对决综合指标标的有 A、B 两种方案。

（1）个人对决综合指标标的 A 方案

如果个体之间存在一定差距，还没达到悬殊的地步。那么可以选择综合指标标的 A 方案来缩小这种差距。

建议选择个人月度任务指标达成率、个人月度有效订单数、个人月度平均工作态度和客户满意度绩效结果三个指标项组成一个综合对决标的，作为个人对决方案的综合指标标的。

（2）个人对决综合指标标的 B 方案

如果是个体之间存在较大差距，那么可以选择综合指标标的 B 方案来缩小这种差距。

建议选择个人月度任务目标达成率、个人月度有效订单数同比增长率、个人月度平均工作态度和客户满意度绩效结果三个指标项组成一个综合对决标的。

2. 个人对决综合指标项赋权

个人对决综合指标项赋权有 A、B 两种方案。

（1）个人对决综合指标标的 A 方案赋权

个人对决综合指标标的 A 方案赋权可以按照个人月度任务指标达成率的 50%、个人月度有效订单数的 30%、个人月度工作态度和客户满意度绩效结果的 20% 进行赋权。

对比小组对决综合指标标的，A 方案选择月度任务指标达成率替换了原来的月度销售额指标项。原来的销售额指标是绝对值，个体之间差距越大，则销售额差距也就越大。而任务目标达成率则不然，不同能力、背景和条件的个体承担的月度任务指标本身就存在差别。这样从理论上来讲，大家的难度都差不多，不存在任何一方拥有绝对优势的情况。

并且，通过提高月度任务目标达成率这一指标项的权重，降低月度有效订单数这一指标项的权重，进一步缩小了两个个体之间可能存在的既定差距。

(2) 个人对决综合指标标的 B 方案赋权

个人对决综合指标标的 B 方案赋权可以按照个人月度任务目标达成率的 40%、个人月度有效订单数同比增长率的 40%、个人月度平均工作态度和客户满意度绩效结果的 20% 进行赋权。

对比 A 方案综合指标标的，B 方案选择月度有效订单数同比增长率替换了原来的月度有效订单数。原来的月度有效订单数是绝对值，有效订单数的差距会随着个体之间的差距而逐渐放大。

月度有效订单数同比增长率是相对指标，反映的是员工的发展潜力和成长速度。如果说绝对值的指标项是你争我夺的竞赛，那么相对值的指标项更像是在与自己赛跑。

在 B 方案中，基本上没有涉及绝对值指标项，这是 B 方案的最大特点。月度任务目标达成率指标项和月度有效订单数增长率指标项共同作用，可以在很大程度上缩小个体之间的既定差距，使对决机制显得更加合理。对决主体也会意识到，自己最大的对手绝非他人，而是自己。这样也有利于维系组织内部的和谐关系，降低或避免竞争举措给团队带来的负面效应。

个人对决的综合指标标的结果核算、时间周期、保证金与奖金设置、奖金分配的操作具体可参考小组对决相关内容，不再赘述。

本节全面阐述了现阶段，在泛家居行业终端管理实务中涉及的薪酬、激励、绩效与竞争等相关内容。有些管理举措大家可能也并不陌生，甚至有的门店曾经也操作过，或现在正在进行，如本节论述的激励、对决等相关内容。

但是我们是否可以仔细研究一下，你曾经做的，包括你现在正在做的，是否真的和本书所讲的完全一样，我想答案应该是否定的。业内很早就有人实行激励或对决了，但据了解，还没有看到哪一家终端在这些方面能够真正做出成绩。

大多数终端管理者只是理解了一个概念，还无法做到因地制宜、有的放矢。例如，很多人听说对决有用，回去马上实施。不考虑个体差异，不考虑小组之间是否势均力敌，不考虑细节设计，结果并不理想。试问这样的管理举措如何能够得以延续？如何能够真正发挥出它的价值？

本节很多内容都是创造性的探索，有一部分内容已经应用于实践，并且取得了非常不错的成效。因此，建议每一个有志于提高行业终端管理水平的从业者要敢于尝试和探索，这样才能做到学以致用。另外，本节范例中的相关内容数据仅供参考，需各位读者结合实际灵活运用。

第二章
如何建立规范、高效且有温度的门店管理制度

第一节　门店会议这么组织才有效率
第二节　建立软硬结合的门店日常管理制度

第一节
门店会议这么组织才有效率

任何一个组织要想维持其生存和发展,保持其内部协作效率,统一团队的思想和行为,都必然需要频繁且集中的内部沟通。通常我们将这种沟通称为会议。

在大多数组织中,每年浪费在会议上的时间不计其数,每年被无效会议折磨的职场人数不胜数,导致这一现象的原因既多样又复杂。

有的是管理者的认知观念错误,认为只有通过开会,才能解决问题。有的是因为参会成员背景、能力和素养参差不齐,导致信息传达不畅。有的则是会议的组织者没有能力或无法掌控整个会议,该引导的不引导,该打断的不打断。如此原因,林林总总。

连大中型企业这样规范化的组织都无法避免的问题,作为以门店为载体的业内终端组织自然也会出现同类问题。因此,能够高效率地组织会议,既能实现会议的既定目的,又不至于浪费大家的时间,已经成为终端管理者必须具备的一项管理技能。

泛家居行业终端门店的会议,应坚持简单、高效的宗旨。没有必要的会议一律不开。没有特殊因素影响,会议严格按照既定时间开始和结束,不能无故拖延。

按会议的时间周期不同,可以将门店会议划分为以日为周期的会议、以周为周期的会议、以月度为周期的会议、以年度为周期的会议。

按会议的性质不同,可以将门店会议划分为不定时会议和特别会议。

一、以日为周期的会议

以日为周期的会议,主要就是早会、夕会。早会、夕会是所有门店会议中最为重要的两个会议,因为每天都会举行。如果会议高效、有力,则对团队的推动作用非常明显。反之,就会白白消耗团队成员的耐心和终端管理者自身的管理权威,与其这样,还不如不开。

1. 早会

(1)目的

激活工作状态,强化团队文化,明确当日工作计划和目标,提示重点。

（2）时间节点控制

早会时间最长不应超过15分钟，从开始上班的时间点算起，先开早会，后打扫卫生。早会包括主持人点名（1分钟之内），跳舞、早操二选一（5分钟之内），整理仪容仪表、团队文化共唱（2分钟之内），当日工作计划和目标陈述（6分钟），团队承诺（1分钟）等环节。

（3）流程及内容建议

① 主持人点名：主持人逐一点名，被点名的与会人员应给予回应。

② 跳舞、早操二选一：可根据团队多数人的意见，选择跳舞和早操中的一种或两相结合，建议选择早操即可，跳舞确实有些难度。

③ 整理仪容仪表：与会人员各自整理仪容仪表，并相互检查。

④ 团队文化共唱：内容根据实际情况自行设计。

⑤ 当日工作计划和目标陈述：与会人员陈述各自的当日工作目标。

⑥ 团队承诺：每个人向团队做出"我一定全力以赴实现今日工作目标"的承诺。

⑦ 重点提示：如当日一些重点信息的传达，产品或价格方面动态变化的告知等。

（4）操作要点

店内所有员工轮流主持早会（新员工具备独立工作能力后即可参与早会的轮流主持）；必须保证准时开始，准时结束。如确有很多内容需要传达，可转为非会议沟通。

轮流主持早会的目的是锻炼员工的控场能力，可以日积月累，逐渐成长。准时结束是为了不透支员工的耐心，坚持最基本的管理原则。

2. 夕会

（1）目的

总结当日工作，分析疑难问题，持续优化创意。

（2）时间节点控制

夕会时间最长不应超过20分钟，从下班时间开始算起，预留5分钟下班准备时间后，往前推导开始的时间。夕会包括总结当日工作（7分钟之内），分析疑难问题（10分钟之内），持续优化创意（8分钟）等环节。

（3）流程及内容建议

① 总结当日工作：每个人汇报当日工作成果，内容由店长据实确定。

② 分析疑难问题：当日的案例，当日分析。当日没有案例的话，分析以

往的案例。

③ 持续优化创意：主持人点题，团队共创。

（4）操作要点

夕会必须由店长、店长助理或门店管理人员指定的专人主持，必须准时结束。夕会拖延一分钟的副作用远大于早会。如有未完话题和内容，非必要可在明日夕会继续讨论，如必要，可转移至线上群组讨论。

二、以周为周期的会议

以周为周期的会议，主要是周例会。在团队规模不是很大的终端门店，周例会可以酌情取消。

（1）目的

总结上周工作成果，明确本周工作计划，通报重要信息。

（2）时间节点控制

建议将时间安排在周一上午 10：00～11：30。周例会包括上周工作总结（30 分钟）、本周工作计划（30 分钟）、重要信息通报（5 分钟）、团队建议（5 分钟）、自由讨论（20 分钟）等环节。

（3）流程及内容建议

① 上周工作总结：每人汇报上周工作成果。

② 本周工作计划：每人汇报本周工作计划。

除此之外，还包括重要信息通报、团队建议、自由讨论等内容。

（4）操作要点

周总结的汇报格式与内容，店长可据实拟定，必须标准化，尽可能量化。周例会的具体时间节点可根据团队规模适当调整，也可以提前结束。

三、以月度为周期的会议

以月度为周期的会议主要是月度工作计划与总结会。

（1）目的

总结上月工作成果，明确本月工作计划，通报对决与激励结果并颁发奖励。

（2）时间节点控制

建议将时间安排在每一个自然月的首周周二 13：00～16：30。月度工作计划与总结会包括上月工作总结（45 分钟），本月工作计划（45 分钟），通报对决与激励结果并颁发奖励（15分钟），被激励对象（含个人或小组）成功经验分享（45分钟），自由讨论（45分钟），门店管理人员总结发言（15分钟）等环节。

（3）流程及内容建议

① 上月工作总结：每人汇报上月工作成果。

② 本月工作计划：每人汇报本月工作计划。

③ 通报对决与激励结果并颁发奖励：公布上个月度的激励与对决考核结果，不但要公布被激励对象的考核结果，而且所有参与对决和激励的小组或个体考核结果都要发布。

④ 被激励对象（含个人或小组）成功经验分享：小组或个人分享其认为有价值的经验和成功方法。

此外，还包括自由讨论和门店管理人员总结发言等内容。

（4）操作要点

月度工作计划和总结的汇报格式及内容可参考周总结；在有小组组长的情况下，小组组长可代表本小组做成功经验分享；如没有小组组长，可由小组推荐代表或小组成员轮流分享；如小组成员或个人语言表达和逻辑思维能力不强，门店管理人员可要求其提前准备分享材料，避免重复阐述或偏离主题的尴尬。

月度工作计划与总结会原则上要求门店所有人员参加。在大型终端门店，负责安装和售后的主管及负责人也应该列席会议。

四、以年度为周期的会议

以年度为周期的会议主要是年度工作计划与总结会、团队年会。

1. 年度工作计划与总结会

（1）目的

总结本年度工作成果，明确下一年度工作计划，回顾本年度关键经营事件，发布组织经营与管理的调整计划。

（2）时间节点控制

年度工作计划与总结会的时间安排一般有两种方案。如果是以每年的12月31日作为年度考核最后结算日，则年度工作计划与总结会的召开时间应在次年的1月15日之前比较合理。如果是以每年的农历春节作为年度分割线，则年度工作计划与总结会的召开时间应在当年的农历十二月二十日之前比较合理。

年度工作计划与总结会包括本年度工作总结（60分钟），下一年度工作计划（60分钟），年度关键经营事件回顾（30分钟），自由讨论（45分钟），门店管理人员总结发言（20分钟），组织经营与管理的调整计划发布（10分钟），终端经营者总结发言（20分钟）等环节。

（3）流程及内容建议

① 本年度工作总结：每人汇报本年度工作成果以及成长和需要提升的方向。

② 下一年度工作计划：每人汇报下一年度具体的工作计划和需要组织提供的支持。

③ 年度关键经营事件回顾：门店管理者回顾本年度重要经营事件，分析每一事件的利弊、得失。预测有可能在下一年度出现的一些关键事件，给出具体的应对和处理建议。

此外，还包括自由讨论、门店管理人员总结发言、组织经营与管理的调整计划发布、终端经营者总结发言等内容。

（4）操作要点

年度工作计划与总结会必须提前准备，且必须在规定时间内完成，可提前结束；关键经营事件回顾必须由门店直接管理者负责，且必须提前准备；会议尽可能不在固有的门店经营环境下召开；自由讨论的主题需会议主持人或门店管理者提前确定，如何达成年度业绩，组织还有哪些地方有待完善，销售冠军为什么今年做得这么好，等等，都是可以选择的主题。

2. 团队年会

（1）目的

听取团队管理者年度工作总结和计划，经营者年度总结和规划，团队共创，表彰年度优秀团队和个人并颁奖，联谊与答谢。

（2）时间节点控制

团队年会一般安排在春节放假前的一周之内。团队年会包括团队管理者年度工作总结和计划（20分钟），经营者年度总结和规划（30分钟），团队共创（100分钟），表彰年度优秀团队和个人并颁奖（30分钟），联谊与答谢（3小时）等环节。

（3）流程及内容建议

① 团队管理者年度工作总结和计划：团队管理者就本年度整个门店或团队的工作成果、重大发展事件、发展状况和组织的内外环境进行总结发言；

就下一年度整个团队的工作方向、发展目标和经营任务等做出阐述和说明。

② 经营者年度总结和规划：经营者或经营者代表对团队本年度的工作绩效和表现做出评价，分析团队当前存在的问题、组织内外环境的变化以及这种变化所蕴含的机会和威胁；对下一年度的团队经营和发展提出明确的期待和要求。

③ 团队共创：基于终端管理者的经营计划，结合终端经营者的要求，整个团队围绕下一年度的团队经营目标展开共创。大家畅所欲言，群策群力。

此外，还包括表彰年度优秀团队和个人颁奖、联谊与答谢等内容。

（4）操作要点

团队年会必须有明确的会议流程和时间限制；必须由指定的主持人控制整个会议流程；如经营者发言超时，则将团队共创的时间进行适度的压缩；对于团队年会的单项个体激励对象，如年度销售冠军、年度任务指标达成率冠军等，可以邀请家属与其共同登台领奖，以提升其荣誉感和自豪感，产生叠加激励的效果；联谊与答谢环节应该允许团队成员带一名成人家属或低于16岁的少年儿童参加。

小规模团队可取消共创环节；大规模的终端门店，可以在时间允许的情况下，适当增加一些内容，增强其丰富性；在公司化的终端门店，这些事情基本上都是公司操办，不需要终端管理者费心组织。

五、不定时会议

不定时会议主要是根据组织经营发展的需要，不定时召开的一些会议。在泛家居行业终端，这种不定时会议主要是活动促销启动会（单店），活动促销总结会，售后服务专题会议等。

1. 活动促销启动会

（1）目的

明确活动促销的目的和目标，说明活动促销方案，组织分工，鼓舞士气。

（2）流程及内容建议

① 明确活动促销的目的和目标：说明活动促销到底为了实现什么目标。

② 活动促销方案说明：先阐述方案，后答疑。

③ 组织分工：对团队成员在促销活动中需要承担的责任和义务进行分配和安排。

此外还包括小组或成员做出承诺等内容。

（3）操作要点

活动促销的目标一定要量化；最好能邀请厂商代表参会；小组或团队成员做出承诺时最好能拍摄视频，这样可以让他们每天都有机会重温一下自己的使命；会议现场最好能够布置得有一些"战斗"氛围，如使用条幅、旗帜和展架等。

2. 活动促销总结会

（1）目的

通报活动促销成果，总结经验教训，颁发奖励。

（2）时间节点控制

活动促销总结会的时间一般安排在活动结束后的1周之内，包括活动成果通报（5分钟）、小组或个人经验分享（15分钟），颁发奖励（5分钟），门店管理人员总结（10分钟）等环节。

（3）操作要点

由于业内活动促销很多，关于活动的总结会议很可能会出现同质化的内容。例如上次活动存在的问题，本次活动还在持续。如果同一问题连续出现，多半是因为行业性质或客观环境存在问题，管理者没有必要重复总结。管理者主要总结和关注的是新问题或次新问题，这样更容易提升专题会议的效率。

3. 售后服务专题会议（厂商人员参与）

（1）目的

分析问题，明确诉求，明确解决方案。

（2）流程及内容建议

① 分析问题：分析售后问题可能产生的原因。

② 明确诉求：由直接参与售后处理与客户直接对接的销售人员传达客户的诉求。

③ 明确解决方案：多方沟通讨论并形成解决方案。

（3）操作要点

参与售后和安装的技术人员必须列席会议；复杂的售后服务最好能邀请到厂商代表、产品或技术专家参会；必须要做完整的会议记录并形成档案。

由于售后服务专题会议多数情况下是在自由讨论的方式下进行的，因此，无需过度强调会议的时间节点控制。但会议的整个过程必须围绕形成解决方案这一目的，主持者要及时引导，避免陷入无意义的争执。

六、特别会议

特别会议主要是为实现特定目的而召开的会议,主要包括生日会和老客户感恩答谢会。

1. 生日会

(1) 目的

感谢员工,发放福利,强化归属感。

(2) 时间节点控制

根据团队规模的大小,可以选择每季度或每半年举办一次生日会。生日会应在晚上举办。

(3) 操作要点

凡是生日会举办当晚能邀请员工母亲到场的,一定要将其母亲邀请到场,为员工母亲准备一份伴手礼和一小束鲜花。如果员工母亲未能到场,也可将伴手礼寄送。

《生日快乐》和《烛光里的妈妈》这两首曲子是必须要准备的。因此,在举办生日会的时候,一定要选择有视频播放设备的场地。

生日会是否有必要举办需根据团队规模决定,规模太小(8人以下)的团队建议直接设置员工个人的生日关怀即可。

2. 老客户感恩答谢会

(1) 目的

答谢,增进感情,强化黏性。

(2) 时间节点控制

建议安排在每年的8月中旬,这样可以在旺季到来前增进和老客户的感情。

(3) 操作要点

人数最好控制在10人以内;优先选择积极活跃的老客户;老客户感恩答谢会的形式,既可以选择宴请,也可以选择户外野餐,具体根据实际情况决定;老客户感恩答谢会的小礼品要提前准备,精致实用即可;并非所有的邀请对象都是已经给门店做过转介绍的老客户,如果销售人员认为某一客户具备转介绍的潜力,也可以邀请其参会;预算尽可能控制在合理范围内。

综上,无论是什么样的会议,终端管理人员首先需明确的是:为什么要召开这次会议?这次会议的目的和目标是什么?为了达成这次会议的目的和目标,组织必须要做哪些准备工作?要如何控制整个会议才能保证以最小的成本实现既定目的和目标？

只要我们能够在终端管理实践中对各类会议不断复盘和优化，不断创新和探索，就一定能够提高原有的会议效率，游刃有余地组织各类会议，从而让员工免遭无效或低效会议的折磨，提升整个组织的内部沟通效率。

第二节
建立软硬结合的门店日常管理制度

为了保证门店的管理秩序，充分规范和约束团队成员的工作行为，我们必须要为门店建立一套完整的制度。小到学校的一个班级，大到一个跨国集团公司，无一例外都需要建立一套属于自己的内部管理制度，并以此作为判定和处理善恶是非的标准。

泛家居行业的终端门店管理，自然也需要建立起一套管理制度。目前业内终端门店在管理制度建设上还存在很多有待优化完善的地方，这并非全部是终端门店管理者能力不足导致的，主要原因是行业特点所致。

本节将从门店管理的硬制度和门店管理的软制度两个方面，探讨应该如何构建终端门店的管理制度。

一、门店管理硬制度

门店管理硬制度是指那些具有强制性、团队成员必须遵守且一旦越线，必须按照制度要求接受惩罚的门店管理制度。当前在一线品牌或规范化管理的终端门店，门店管理硬制度相对健全但未必能够严格贯彻执行。其他业内终端门店则是制度本身不健全和制度执行不彻底两相并存。

门店管理的硬制度主要包括工作时间与休假、日报与周报、薪酬发放、会议纪律管理制度、职业形象管理制度。

1. 工作时间与休假

（1）工作时间

① 行业现状：工作时间管理制度是门店日常管理制度中最为基本的制度，对于管理者而言，制度创建也比较简单，明确上下班时间，辅以一些关于缺卡、迟到、早退和旷工等的规定即可。因此，现阶段行业的工作时间管理制

度问题并非出在制度的创建环节，问题的本质是相关人员没有严格地贯彻实施工作时间管理制度。

如有的门店管理人员在核查月度考勤时，发现某个员工上月有一次缺卡（上班未打卡）、三次迟到（五分钟之内的迟到），管理人员觉得无伤大雅，就没有按制度处理。这种硬性的管理制度被人为地软化，既反映出终端管理人员的管理力度有待提升，也助长了当事人不把制度当回事的侥幸心理。

② 改善建议：门店管理人员或人事考勤人员应严格按照工作时间管理制度的规定开展员工考勤的核查和统计工作。

(2) 休假

① 行业现状：业内终端门店现行的休假制度大多数是月休基础上的灵活调休制度，这是由行业特点决定的。可是遇到连续性的单店或联盟活动时，员工的调休可能会被迫中断。由于组织管理制度不完善或制度执行不彻底，即便员工当月少休或没休假，也没有对员工进行任何补偿。这通常会让员工产生怨气，认为组织占尽了便宜。

② 改善建议：门店管理人员需要对员工的休假制度进行完善和优化，如遇到旺季或连续活动导致员工无法正常休假时，应将缺假时长进行累加统计，通过给付加班工资或在非忙碌时间调休的方式进行补偿和冲抵。

2. 日报与周报

(1) 日报

在有外勤岗位的门店，相关人员由于工作岗位的特殊性而无法参与门店早会、夕会。针对这一部分人员，门店管理人员应制定工作总结和计划每日汇报制度，以保证实时掌握团队的工作进展和动态。

① 行业现状：粗放式管理的门店，针对门店外勤岗位一般没有制定日报制度；想要规范化管理或正处于规范化管理进程中的门店，一般是建立了门店外勤岗位的日报制度，但是有的门店可能只维持了一段时间，便不了了之了；已经实行规范化管理的门店，也存在日报管理制度不健全或执行不彻底的情况。以上都是行业终端门店管理普遍存在的现象。

② 改善建议：针对门店外勤岗位，管理者必须制定日报制度。日报制度的制定重点是统一汇报内容格式、确定时效性标准及违反日报制度的处罚措施。简单地说就是以什么样的格式、在什么时间点之前完成汇报，如果违反，给予应汇报人什么样的惩罚。

门店日报制度一旦推行，必须要坚持。通常前三个月是制度的高风险期，因为这时团队成员心里还比较抗拒，嫌麻烦，找各种理由推脱或抵抗。管理人员坚决不能妥协，要不惜一切代价坚持原则。一旦过了高风险期，团队成员基本上也都知道了抵抗无效且都已养成了习惯，自然就会积极配合并执行。

针对有日报制度但执行不彻底的门店，如团队成员违反日报制度却没有被处罚等，终端管理人员要加强监管和执行。有制度，不执行，比没有制度更可怕。

（2）周报

周报制度的功能和目的与日报相近，只是时间周期不同而已。现阶段的终端门店，不建议二者同时建章立制，取其一即可，否则确实会带来管理过度的问题。如汇报岗位预计在一周之内的工作内容变化不大，则可以选择周报的形式。

如果是一个新建门店或是原有门店重新建立工作汇报制度，建议先从日报制度开始。如果发现周报更适合团队，再将日报制度改为周报制度也不迟。这种方式比直接建立周报制度更容易为团队成员所接受。

3. 薪酬发放

① 行业现状：目前，终端门店的薪酬发放主要有几种情况。有的门店明确规定了薪酬发放时间，但未能严格执行，主要表现为延迟发放；还有的门店没有明确规定薪酬发放的具体时间点，取而代之的是一个时间段，如每月的 15 日至 20 日；有极少一部分门店有明确的薪酬发放时间规定并严格遵照执行。

对于企业公信力而言，确定了薪酬发放的具体时间，就意味着组织对员工做出了正式的承诺。如果组织自己定的制度都不遵守，那又如何保证员工心甘情愿地遵守组织的规定呢？况且，这种行为本身也违反了诚信原则。

② 改善建议：没有明确薪酬发放时间的门店，管理人员应做好制度层面的优化和完善。已经有明确的薪酬发放管理制度的门店，管理人员应坚持原则，按制度办事。当然，这些都需要管理人员和门店经营者开诚布公地沟通，晓以利害，达成共识。

无论对组织有利，还是对员工有利，硬性制度都应该一以贯之。不能对组织有利的制度，组织就严格监督贯彻，而涉及员工切身利益的制度，组织就选择淡化和漠视。

4. 会议纪律管理制度

本章第一节已经详细论述了终端门店各类会议的组织与实施，但如果没有有效的会议纪律管理制度作为辅助，会议的效率同样无法保障。

① 行业现状：迟到、早退习以为常，交头接耳、看手机、打瞌睡屡见不鲜，这些现象在多数组织会议上都是普遍存在的。这些现象出现的主观原因是参会人员的态度问题，客观原因是普遍存在的低效会议折磨团队成员心理的问题。同时，主客观因素相互影响，导致会议效率陷入常态负面循环的问题。

② 改善建议：门店管理者应建立专门的会议纪律管理制度，主要是会议时间纪律管理和会议个体行为纪律管理。会议纪律管理制度中，不但要有惩罚，还应该有奖励。奖励金的来源主要是违反会议纪律的参会人员缴纳的罚款，组织也可以酌情补贴，主要奖励那些严格遵守会议纪律的团队成员。

5. 职业形象管理制度

① 行业现状：销售人员仪表和着装不规范、工作状态松懈随意、发型凌乱等现象，在业内很多门店建材市场或商场随时都可以找到。

行业从业人员的基础职业素养缺失和终端管理的低效是上述问题产生的原因。大部分终端门店没有职业素养和礼仪管理制度，少部分有制度，但形同虚设。

② 改善建议：门店管理者应建立完善的门店职业素养和礼仪管理制度，明确团队行为和状态标准，告知团队成员哪些行为是不提倡的，哪些行为是要坚决摒弃的。门店职业素养和礼仪管理制度要坚决贯彻执行，真正做到有违反者必惩，有越线者必罚。

以上五种硬制度是门店日常管理制度中比较常见的制度，其他一些不常见的硬制度，无法一一展开介绍，终端门店管理人员可以结合实际情况，不断优化和完善。

通过以上对几种常见硬制度的阐述，我们可以得出这样一个结论：有完善的制度但不执行或执行不彻底，比没有完善的硬性管理制度更可怕，它会让团队成员认为组织的制度就是书面材料，只是一种形式的存在。可见，一方面我们要强化制度本身的完善；另外一方面也是最重要的方面，即我们要强化硬制度的贯彻执行。

二、门店管理软制度

门店管理软制度是指那些相对灵活、人性化且带有一定感性色彩的门店管理制度。门店管理软制度在当前业内终端管理实践中，几乎处在空白状态，针对那些富有创新意识的终端管理者而言，这是一次非常好的探索机会。

如果把硬制度比作一个刚性的标准，好比法律在社会管理过程中所发挥的作用，那么软制度就好比是社会的福利和关怀，倡导的是心理和精神层面的建设，体现的是组织与个体之间的情感共融。

软制度可以实现如下管理目的：增强团队凝聚力和员工归属感，充分调动员工积极性，减少员工负面情绪。

门店管理软制度主要包括工作时间弹性管理制度、福利制度、补充休假制度和延期佣金制度。

1. 工作时间弹性管理制度

工作时间弹性管理制度主要是针对那些居住场所距离工作场所较远的员工而制定的特别工作时间管理制度。

（1）操作要点

以工作场所为基点，设置一个距离范围（半径）的标准。凡是在标准距离范围内的员工全部按统一规定的工作时间出勤。凡是超过标准距离范围的员工，可以按照工作时间弹性管理制度的相关规定出勤。

如某门店的工作时间弹性管理制度明确规定：凡是居住场所距离门店超过15（含15）公里且不便乘坐地铁的员工，早晨上班可以比门店统一工作时间延迟20分钟，但晚上必须同样延迟20分钟下班。

如果是驻店设计师这类岗位，弹性工作时间几乎不会对团队的正常工作产生影响。如果是销售类型的岗位，会产生一定影响，主要是该岗位员工无法按时列席早会。但只要合理控制人数比例，这种影响也可以忽略不计。

如果一个团队中仅有一个销售人员按弹性时间出勤，那么可以通过会后转达或相互告知的方式传达早会相关的内容和信息。如果一个团队中有两个或两个以上的销售人员都可以按弹性时间出勤，就需要我们针对这些团队成员设置轮班制，如规定每天只能有1~2个团队成员享受弹性工作时间，具体比例视团队规模而定，一般建议控制在20%这一比例比较合理。

如此既保证了团队工作不受工作时间弹性管理制度的影响，又能保证照顾到了路途较远的员工。为了平衡其他团队成员的感受，还可以对享受弹性工作时间的员工提出附加条件，如凡是正常下班时间前15分钟到店的客户都由享受弹性工作时间的员工接待，并且所有门店销售人员下班前仍有未处理完的工作事务，享受弹性工作时间的员工预计有足够能力且有充分时间代为处理的，则其应无条件代为处理。

这样可以保证制度在少数人和多数人之间形成一个相对平衡的状态，避免为了照顾少数人而引起大多数人不满的现象发生。

（2）应用范围和延伸

工作时间弹性管理绝不仅仅局限于参考通勤距离的远近，针对处于哺乳期的员工，是否可以设计一些工作时间弹性管理制度？针对有小孩子且需要在固定时间点接送孩子的员工，是否可以设计一些工作时间弹性管理制度？这些都需要终端门店的管理者加以考量和探索。

实际上，工作时间弹性管理制度非但不会降低员工的工作效率，反而会大大提高员工的工作效率和主观能动性，因为员工感受到了被尊重，实现了真实诉求的满足，必然会加倍努力工作。

（3）价值

针对有弹性工作时间需求的员工，该制度在招聘阶段可以增加门店对候选人的吸引力，有利于招聘工作的开展；可以更好地平衡员工的作息时间，缓解员工的工作压力；能够一定程度上体现出门店的管理水平。

2. 福利制度

福利制度是门店管理软制度的基础，是提高员工凝聚力、营造员工归属感的基石。终端门店可以选择的福利主要有节假日福利、不定时福利和主题福利。

节假日福利实施的时间主要包括端午节、中秋节和春节三个主干节日，以及妇女节、父亲节和母亲节三个附属节日。

主题福利是指针对有特别纪念意义的时间或事件而发放的福利，主要是员工的生日。

不定时福利主要是没有固定时间的机动性福利，如夏季的西瓜和冷饮、冬季的奶茶等。

（1）操作要点

不同的门店可能处在不同的发展阶段，不同发展阶段的门店盈利能力存在着较大差别。而盈利能力又直接决定了门店的支付能力。最后，不同的支付能力又决定了门店可以承担的福利范围和程度。

终端管理人员在建立福利制度时，要结合门店的实际承受能力。一般可以参考如下原则来操作。

A类（成熟型高支付能力的终端门店）：可以将上述福利全部覆盖，并可以视情况拓展福利范围。

B类（一般支付能力的终端门店）：可以覆盖三大主干节日福利和主题福利，可以设置不定时福利，但需要控制频率。

C类（处于起步阶段或经营不良的终端门店）：可以覆盖三大主干节日中的两个，即端午节和中秋节，同时覆盖主题福利中的生日福利。

三大主干节日福利无需多言；妇女节送一点生活用品表示一下即可；母亲节和父亲节专属礼物选择快递直邮或礼金汇款即可；生日福利前文有过介绍，再次强调一下：1张或2张电影票（视具体情况），1张蛋糕券；不定时福利可自由发挥。

（2）应用范围和延伸

福利制度并没有一个具体的界定范围，一切以门店的支付能力为准。可以拓展的福利有很多，如增加休假、旅游、户外拓展、员工生活中各种关键事件的红包与礼金等。

（3）价值

作为门店管理软制度中的基础，福利制度对任何一个终端门店来说都是必要的。福利制度对门店的价值主要有：可以增强团队成员的归属感，充分调动员工工作的积极性，拉近员工与门店的关系，强化员工家属或亲人对其工作的理解和支持，提升员工对门店的忠诚度。

3.补充休假制度

补充休假制度是指为了补偿员工超出规定工作时长所付出的多余劳动而设立的福利制度。补充休假制度是针对泛家居行业终端经营特点，在门店管理软制度建设方面的一种创造性的主张和探索。

业内人士都知道，在目前的行业背景下，门店促销活动已经常态化。虽然销售工作讲究的是多劳多得和建立在业绩基础上的对价付酬，但是连番苦战和高强度的加班无法避免员工心生怨言。

作为终端门店管理者，我们有必要站在员工角度考虑一下，如何在不影响团队工作效率的前提下，缓和这种行业背景和特点带来的个体利益和团队利益之间的冲突。

（1）操作要点

在上半年旺季（3～5月份）及活动期间，连续统计员工的多余劳动时长并建立档案。在每年的淡季（6～8月份），在不影响门店正常经营的情况下，安排员工补充休假以冲抵其旺季及活动期间的多余劳动时长。

针对下半年旺季（9～12月份）及促销活动计划，预测员工可能产生的加班时长，实行预补充休假制度，即将本应在多余劳动之后安排的补充休假提前到淡季安排。预补充休假制度应按预测加班时长的70%实施。

补充休假制度需要解决的一个关键问题是，如何来确定加班时长与补充休假时间之间的具体换算标准。笔者建议可以按如下方式操作：

第一步，确定有多余劳动的员工的加班总时长；

第二步，员工的加班总时长／（员工的标准日出勤时长+1）；

第三步，得出具体的应安排补充休假的实际天数；

第四步，由于计算结果不可避免地会存在小数，因此我们需要对非整数结果进行取舍。具体原则是十分位是3（含3）以下的，忽略不计；4以上7（含7）以下，按半天计；8（含8）以上按1天计。

例如，某门店员工小李旺季及活动期间加班总时长为51.3小时，假设该门店标准日工作时间为8小时，试计算应该给小李安排的补充休假天数。

根据上文第二步公式，51.3÷（8+1）=5.7。依据小数处理原则，则小李应该享受的补充休假天数为5天半。

可享受预补充休假的员工可能离职情况该如何处理，也是一个很重要的问题。正是基于此，笔者才建议预补充休假时长，不应超过预测加班时长的70%。同时，在安排预补充休假之前，管理者应该和员工充分沟通，说明情况，一旦员工离职，则已经安排的预补充休假按事假处理。一般员工也都能够理解，如果真要离职，也不会在这个问题上出尔反尔。

到春节放假前，应该对预补充休假制度进行一次回顾。根据实际产生的加班时长，仍需安排补充休假的，据实安排补充；实际加班时长少于已安排补充休假时长的，根据时长差额大小做针对性的处理，既可以按事假处理，也可以冲抵次年的旺季加班时长。

预补充休假与实际加班时长之间的多退少补可以参考上文的计算方法和处理原则进行处理。

（2）适用范围和延伸

预补充休假制度仅适用于旺季及活动促销期间的累计加班时长，未经批准的单独加班不应计算到累计加班时长。

（3）价值

预补充休假对组织的价值主要表现在：可以极大地调动员工在旺季和活

动期间的工作积极性，让员工不再抗拒加班；可以提高门店管理制度的公平性，让员工发自内心地尊重组织；可以在一定程度上平衡门店的人力资源在淡季和旺季的分配；通过管理制度和手段来保证人力资源利用的最大化；可以全面体现门店以人为本的管理理念。

4. 延期佣金制度

延期佣金制度是指为了激励处于离职关键阶段的销售人员，在离职后的一段时间内仍然关心并支持组织的经营成果而设立的佣金制度。

通常情况下，销售岗位人员的离职，尤其是老员工的离职，会对其所服务的客户或市场产生直接的影响，进而能一定程度上直接影响到组织的经营绩效。

终端门店管理者有必要设立这样一种制度，即通过管理制度的创新和探索，保证在成本可控且组织能够接受的前提下，把这种影响降到最低程度或消弭于无形之中，延期佣金制度正是因此而提出的。

（1）操作要点

针对离职员工，根据其在组织的工作时长和预期可能对组织经营成果产生的影响，确定一个相对合理的时间段。在这期间，离职人员仍然享受其原客户或原来负责的市场产生的经营业绩获得一定比例的佣金。

延期佣金制度需要解决的第一个问题是，离职人员享受延期佣金的时间多长比较合适。这个问题没有标准答案，具体应该根据离职人员在组织的工作年限、既往销售业绩和预期业绩综合确定。

参考标准：如离职人员在组织工作年限超过五年，且既往业绩优秀，预期对组织经营成果有较大影响，至少要给 8 个月的佣金；如离职人员在组织工作年限超过三年不到五年，且既往业绩优秀，预期对组织经营成果有一定影响，至少要给 6 个月的佣金；如离职人员在组织工作年限超过一年不到三年，且既往业绩一般，预期对组织经营成果有微观影响，至少要给 2 个月的佣金。

延期佣金制度需要解决的第二个问题是，佣金计提标准如何确定。这个可以直接给出标准答案：按公司现行标准佣金的 25% ～ 30% 确定即可。如果给得少，离职人员会存在无所谓的心理。如果给得多，在增加成本的同时，不一定能等比例增加组织收益。

延期佣金制度需要解决的第三个问题是，是按月支付，还是一次性支付。这个可以根据延期佣金的发放时长来确定。如 3 个月及以下，可以选择一次性支付，但每个月的结算额应告知相关离职人员；4个月及以上，可以选择按月支付。

（2）适用范围和延伸

延期佣金制度仅适用于销售岗位的员工。

（3）价值

延期佣金制度可以将组织中销售岗位关键人员的离职对组织构成的负面影响和风险降到最低；有利于激励离职人员继续关注组织的经营绩效；可以增进组织和离职人员的感情；间接激励在职人员积极创造更大价值。

对比门店管理软、硬制度可以发现，硬制度相对而言更容易创建和实施。因为它广泛存在于一般组织中，虽然不同组织中的硬制度也存在差异，但这些差异还未涉及根本。相对而言，硬制度已经非常成熟，只需基于组织的特定需求，进行灵活设计和配置。

软制度则不然，除了福利制度外，其他软制度的创建和实施对于一般的终端门店管理者而言，具有一定的难度。即便是福利制度，本书探讨的内容也和常规组织，尤其终端门店形态的组织存在明显的差别，几近于本质差别。

如很多常规组织对于福利的理解只是一种形式，或是单纯的物质赠予，并没想过福利最本质的目的是满足员工的需求，简单地说，组织的福利行为要能打动人心。

软制度虽然有一定难度，但如果创建得当并持续优化到能够完全满足组织日常经营管理所需的程度，其威力也绝非硬制度可以比拟。并且软制度的创建和探索本身也是对终端门店管理者的一种锻炼。如果你想提高自己在终端软制度方面的管理能力，从现在开始，结合本书建议，马上开始实践，必将有所收获！

第三章
让店容店态时刻处在最佳状态的秘诀

第一节　如何把店面打造成吸引、留住客户的磁场
第二节　成功的样品管理要做这些事

第一节
如何把店面打造成吸引、留住客户的磁场

门店基础环境管理是终端日常管理的基础，也是展现组织经营理念，折射品牌定位的最好窗口和媒介。一个管理充分且有效的终端门店，在一定程度上能够吸引更多的意向客户进店选购商品。

放眼整个行业的终端门店，不难发现，那些经营绩效不俗的门店无一例外都非常重视自己的门店基础环境管理。那些一线和超一线品牌对自己旗下的区域市场终端门店形象管理更是非常严苛。这表明终端门店形象管理确实在某种程度上能够对组织的经营绩效产生深远影响。

假如你是正在装修的业主，平时很少关注泛家居行业，当你确有需求时，来到当地某一个建材沿街门店或建材市场/商场，请问你会优先选择进入哪些门店了解并选购产品？脏、乱、差的？还是整洁、规范、清爽、温馨的？

就算你误打误撞进入了某家门店，你更愿意相信那些门店形象管理优秀的门店销售人员所说的话，还是愿意相信一个乱七八糟、凌乱不堪的门店的销售人员所说的话？答案是显而易见的。

整个行业终端门店在形象管理方面只有少数的一线及超一线品牌勉强合格，其余的门店还有很多功课要做。尤其在三、四线区域市场，一个个原本非常好的品牌，硬是被区域市场不合格的经营者和管理者拖累。更有甚者，装修大手笔投入，四星级标准配置，但日常终端门店形象管理还维持在大排档水准。试问，这多付出的装修成本价值何在？

终端门店管理人员应该有这样一个认知，门店形象即脸面。它既是厂商品牌的脸面，也是终端经营者和管理者的脸面。如果想把终端管理水准提升到一个新的高度，首先要把这个最基础的事情做好。

门店基础环境管理按空间来划分，可以分为门店外部基础环境管理和门店内部基础环境管理；按性质来划分，可以分为硬性的门店基础环境管理和软性的门店基础环境管理。

一、门店外部硬环境管理

门店外部硬环境是指那些固定的建筑、设备、工具及相应的配套设施以

及由这些要素所共同组成的环境，主要包括广告牌底板、广告字体、橱窗玻璃和门店大门。

1. 广告牌底板

广告牌底板的管理主要是维护其整洁度。有些门店的广告牌底板长时间不清理，导致雨水污渍的痕迹清晰可见，严重影响门店形象。

2. 广告字体

广告字体要保证其有足够的厚度，这样字体在视觉上会更有吸引力，更容易吸引过往顾客。有些门店字体仅有几毫米的厚度，看上去极为扁平，不但看起来有损档次，也不具备视觉吸引力。

如果沿街门店广告字体选择的是发光字体，还应保持字体常亮和完好，避免不亮、暗影等老化或损坏没有及时维修的情况发生。

3. 橱窗玻璃和门店大门

橱窗玻璃和门店大门，定期清洁维护即可，要保证没有明显浮灰。处在车流量较大地段的沿街门店，更要加强清洁维护。广告喷绘写真如非必要，不要粘贴在橱窗玻璃上，否则一方面会加大后续清洁难度，另外一方面对门店内部的采光也会形成严重的干扰。

二、门店外部软环境管理

门店外部软环境是指那些临时设置的、可移动的设备、工具或相应的配套设施以及由这些要素所共同组成的环境，包括因各种目的设置的气拱门、红地毯、音响、广告宣传物料、花篮和花束。

1. 气拱门

气拱门并非只有活动促销时才有必要设置。如果是沿街门店，在城市管理部门允许的条件下，建议也在旺季的周末时段设置，这样有利于吸引潜在客户对门店的关注，增加潜在客户进店概率。

在特殊天气条件下，如雨雪天气，要对气拱门风机和外置电源线进行必要的遮盖和保护，以避免可能出现的安全风险或设备损坏。

如气拱门设置的频率较高，可以在门店外提前埋设固定气拱门绳索的地钩，这样不但可以提高气拱门每次架设的便利性，还可以保证气拱门的稳定，不会发生东倒西歪等影响门店形象的状况。

2. 红地毯

活动促销结束后,红地毯要及时收起。这样既可以保证重复利用,也可以保证不会因为红地毯的卷边褶皱等影响到门店形象。

3. 音响

沿街门店的音响声音并非越大越好。很多门店为了引起过往潜在客户的注意力,把声音调得很大。当声音大到成为噪声时,不但不能吸引顾客进店,反而会将一些顾客拒之门外。

4. 广告宣传物料

如果是沿街店铺,户外广告宣传物料建议选择地贴的方式。面积越大则视觉冲击力越大。如果是室内商场门店,建议选择KT板加画架的组合。X展架与易拉宝不但视觉效果有限,放置稳定性也很差,稍微有点风,就会"卧倒耍赖"。

5. 花篮和花束

花篮主要是开业时的临时性设置,一般保证其摆放有序即可。花束则不然,它可以多次摆放,而且无论沿街门店还是商场门店都可以设置。

如门店想通过在旺季周末时段架设气拱门的方式来增加吸引力,但是城市管理者不允许;或城市管理者允许,但是店内人员有限,架设气拱门存在困难;或门店在商场内,不存在架设气拱门的可行性,在这样的背景下,就可以选择用花束来代替。

这里提及的"花束"是指以用罗马柱或其他工艺材料制成的柱体或框体为底座,选择金色、艳粉或深蓝色等特定颜色的彩绸作为配饰,把色泽鲜亮的工艺花束放置在柱体或框体上方,所组成的可移动、可按一定次序摆放的花束。

三、门店内部硬环境管理

门店内部硬环境是指那些固定的建筑、装饰、设备、工具或相应的配套设施以及由这些要素共同组成的环境,包括建筑类、装饰类、设备和设施类。

1. 建筑类

建筑类主要包括店内门窗玻璃、台阶、错层、楼梯。

(1)店内门窗玻璃

店内门窗玻璃保持整洁即可。

（2）台阶

存在明显高低台阶的门店，应该在高低台阶之间设置过渡带或张贴明显的警示标语，保证顾客的安全和门店内部基础环境的人性化。

（3）错层

存在明显错层的门店，也应张贴明显的警示标语，避免因客户未留意导致的碰撞。明显的警示标语是指那些直观的、一定能引起客户注意的标语。普通的温馨提示类小标签一般解决不了问题。

（4）楼梯

门店存在一、二楼结构分区的，在楼梯扶手未安装完成的情况下，不建议对公众开放，因为这样安全风险较大。

2. 装饰类

装饰类主要包括背景墙、地面材料、吊顶和墙壁材料、橱窗主题陈设。

（1）背景墙

背景墙底板要保持整洁，表面如有广告字体，则要保证字体有足够的厚度，一般厚度要在2厘米以上。同时要保持字体的完整性，不能出现缺字、少字或单个字体不完整的情况。

（2）地面材料

地面材料应保持整洁。如地面材料为木地板，已经出现严重裂缝的应及时更换。如地面材料为瓷砖，要保证干爽，避免湿滑导致的行走安全问题和瓷砖质量低劣带来的店内异味（如果瓷砖品质低劣，店面湿度较大时会散发出腥味）。

（3）吊顶和墙壁材料

吊顶需要保持整洁和完整，鼓包、气泡、水印、蜘蛛网和丝状灰尘条都是大忌。

（4）橱窗主题陈设

橱窗主题陈设一般会作为门店装饰的点睛之笔。但是很多门店从建店装修之后，从来没有对门店的橱窗主题陈设进行过清洁和维护，导致整个橱窗主题陈设场景内满布浮灰，点睛之笔反而起了反作用。

橱窗主题陈设不但要定期清洁，同时，对于一些内容要素，还可以进行更换和优化，甚至对整个主题构造进行重建，以保证其存在价值。

3. 设备和设施类

设备和设施类主要包括吧台、地台、柜台、展品展台及展架，灯具，电脑、监控和音响设备。

（1）台、架

要时刻保持台、架的整洁。如果上置物品，则要摆放规整有序，忌凌乱。

（2）灯具

要保持其可用、好用，若出现频闪、暗影等问题应及时更换，否则没有任何一个顾客愿意在此地久留。

（3）电脑、监控和音响设备

电脑、监控和音响设备也要定期清洁，不可以见到明显的浮灰。

四、门店内部软环境管理

门店内部软环境是指那些临时设置的、可移动的设备、工具、物品或相关配套设施和音乐、灯光、气味等无形物质综合构成的环境，包括摆件、挂画与配饰，灯光，音乐，香氛，饮品和食品。

（1）摆件、挂画与配饰

保持整洁，保证物在其位。

（2）灯光

若有门店软环境方案升级，或是门店的产品及样品展示升级等情况，则要根据升级后的灯光需求，对原来的灯光资源进行重新调整和再分配，保证灯光时刻能够满足门店的环境需求。

（3）音乐

可以根据时段对门店的背景音乐进行有针对性的设计。上午时段可以选择欢快或轻摇滚一类的音乐，下午时段可以选择柔和一点儿的轻音乐，以实现调节门店环境和氛围的目的。

（4）香氛

如果是定位高端或超一线品牌的终端门店，建议设置门店专属的香氛，这样可以让客户通过嗅觉快速对品牌进行识别，加深客户对门店和品牌的印象。不建议选择自然挥发的香氛，因其强度较弱，可以选择一些主动挥发的香氛，具体可自行了解。

（5）饮品和食品

门店应摆放一些糖果、瓜子或时令水果，给客户取用只是其次，主要还是增加门店的家庭生活氛围。

门店基础环境管理的重点在于细节管理，需要终端门店管理者反复督导和强化,并持之以恒。一般员工很难理解这些小事对经营绩效的直接影响,主要是因为他们不会把这些小细节汇总起来审视和评估。

第二节
成功的样品管理要做这些事

样品作为产品销售的媒介和工具,在整个销售过程中扮演着重要的角色。或者说,整个门店的场景就是以样品展示为主体的场景。对样品的管理成效直接决定了其功能价值发挥的程度,并影响到门店形象管理的实质性成果。

样品管理主要包括样品的空间分配、样品的基础管理与维护、样品的展示和样品的动态管理。

一、样品的空间分配

相对于厂商宽泛的产品结构而言,终端门店实际可用的展示面积往往是不足的,而优质展位和空间,就显得更加稀缺了。如何能够充分利用门店既有的展示空间和资源,达到资源最优化的合理配置,是每一个终端门店管理者都需要思考的问题。

样品的空间分配可以按照先空间划分,再空间定义,最后空间分配的逻辑实施。

1. 空间划分

根据空间价值和空间的稀缺程度将整个门店内部划分为若干个展示区域,如核心展示区、主要展示区、一般展示区和辅助展示区。不同的展示区域占整个门店内部可用展示面积的比例也存在明显差别。一般的比例分布为:核心展示区 10%~15%,主要展示区 55%~65%,一般展示区 15%~20%,辅助展示区 5%~8%。

2. 空间定义

对已经划分出的不同的门店展示区域进行空间定义。如核心展示区仅展示当季/年新产品和一些高利润或差异化产品,主要展示区仅展示市场接受度较高且畅销的主力产品,一般展示区仅展示那些性价比高或有价格优势的刚需产品,辅助展示区可以展示一些促销、特价、引流和小众需求的补充性产品。

3. 空间分配

根据空间划分和空间定义，结合计划展示的样品总量或计划优化和更新的样品数量，有针对性地进行空间分配。大型门店还可以对主要展示区和一般展示区进一步划分。

如主要展示区被划分为 A、B、C、D、E 五个小区。而这五个小区的空间价值和稀缺程度必然又存在明显差别，基于这种差别，再与计划要展示在主要展示区域的样品进行一一匹配。

二、样品的基础管理与维护

样品的基础管理与维护主要包括样品的日常清洁与保养、样品的及时归位。

1. 样品的日常清洁与保养

样品的日常清洁与保养，很好理解，每天清洁样品以保持整洁。针对原木类、原石类和天然玉石类等相关材料的样品，可以适当做一些保养，以提升其卖相。

2. 样品的及时归位

由于客观原因的存在，非固定样品不可避免地会在店内移动，多数情况下这种店内移动导致了样品的随意摆放和丢弃。这种现象不但影响门店的形象，而且会破坏原定的门店样品展示空间分配格局。管理人员除了要加强督促外，还可通过制度约束来避免类似现象的发生。

三、样品的展示

样品的展示主要涉及样品展示的完整度、样品展示的还原度和样品展示的光效。

1. 样品展示的完整度

样品展示的完整度是指围绕单个样品展示所需资料的完整程度。如一般类型的产品必须有价格标签及完整的标签信息内容；需要强化或突出展示的样品不但要有价格标签及相关内容，同时还要有角带或店长推荐标示等能够突出展示的资料和标签。

2. 样品展示的还原度

样品展示的还原度是指单个样品或由多个样品共同组成的一个样品展示

组合还原产品真实使用场景的程度。

如衣柜专卖店的样品衣柜里，挂满了T恤和衬衫；橱柜专卖店里的样品橱柜台面上，放满了锅碗瓢盆；厨电类产品专卖店中，可以看到各色烹饪好的菜肴和烤好的面包模型；卫浴店里的浴缸旁边，挂着洁白的浴巾和浴袍；家具店里的样品书柜里，摆满了书籍模型，晾衣架上挂满了成人或儿童衣物；等等。

如瓷砖店的店长想问："老师，我们店里放什么？"笔者可以明确地回答："什么都不需要放！"没错，有些产品的样品展示还原比较难操作，譬如说楼梯、木地板、硅藻泥、墙纸和墙布等。

建议那些具备样品展示还原操作可行性的终端门店管理者，好好把握，在泛家居行业，并不是什么品类都具备样品展示还原的实操可行性的。

我们对样品展示还原度的管理越细致入微，越形象生动，就越能刺激顾客产生产品的购买后联想，进而激发起顾客的购买兴趣和欲望。

3. 样品展示的光效

在商业展示中，光效是一个重要的元素，尤其是射灯营造的光效。为了增强样品的展示效果，门店必须保证样品展示需求与光效供给之间的相对平衡。简单地说，就是要确保光效覆盖样品的面积和角度时刻处在最佳状态。

四、样品的动态管理

样品的动态管理是指对样品的展示和优化进行全过程管理，辅之以必要的图表和数据分析，确保组织和门店相关人员能够实时了解到样品的动态变化。

1. 样品的台账管理

为了全面掌握样品的动态变化，便于在厂商进行产品结构调整时能够及时做出样品的调整计划，需要对展示的所有样品进行登记。样品台账是样品数据分析开展和实施的基础。

2. 样品的平面布置图

基于样品的空间分配方案，可以绘制门店样品平面布置图，它是样品空间分配方案的一种表现形式。样品平面布置图还可以帮助新员工快速了解门店当下所有样品的展示情况，可以成为其入职培训的辅助材料。

3. 样品的临时缺位处理

针对样品下架后，替代的样品尚未确定或未到货，原本的样品展示空间出现空位的情况，可以制作一些宣传物料暂时覆盖或替代。如注明"样品上新中，敬请期待"的 KT 板、写真或喷绘。这样，可以减小因样品的临时性缺位对门店展示形象带来的负面影响。

4. 样品的数据分析

（1）动销数据分析

为了实现门店展示空间资源利用最大化这一管理目的，终端门店管理者需要定期对产品的动销数据进行分析，以探究当前的样品展示动态管理是否得当。

如终端门店管理者通过分析产品的动销数据发现，某系列的 A 型号产品最近销量较大，市场反馈普遍较好。A 产品属于市场接受度较大、厂商主推的热销产品，按样品空间分配原则，A 产品样品原本在门店主要产品展示区的 D 区内展示。相对于门店主要产品展示区的 A、B、C 三个区域，D 区域并非主要产品展示区域的最优区域。

假设 A 区域为门店主要产品展示区域的最优区域，那么终端管理人员就可以据此实施样品的动态管理，将 A 产品调整到 A 区域进行展示，同时将 A 区域动销数据结果最差的产品直接替换到 D 区域，或是通过 A、B、C、D 各区域依次调整的方式完成样品的替换。

（2）样品的空间占位与价值回报分析

终端门店管理者可以半年或一年为一个时间周期，进行一次样品空间占位与价值回报的分析。

如终端管理人员通过分析年度样品空间占位与价值回报发现，核心展示区域的销售额和利润贡献与主要展示区域的销售额和利润贡献相差较大。而核心展示区域的门店展示空间占比却达到了 15%。这样，终端管理人员可以在实施下一年度的样品空间分配时，将核心展示区域的空间占比压缩到 8% ～ 10%。

相反，如果终端管理人员得出的分析结论是，核心展示区域的销售额和利润贡献超出主要展示区域很多，则可以在下一年度适当提高核心展示区域的空间占比。

5. 样品优化需要注意的问题

由于厂商的产品结构会不定期进行调整，因此终端门店也需随之对门店展示的样品进行适当的调整。在样品优化即新旧交替时,我们需要注意如下几个问题。

(1) 相互替换产品的风格是否接近

在同等条件下,样品替换时,优先替换掉那些动销数据表现较差的。如果产品动销数据差距不大,则应该优先选择替换那些风格一致或相近的样品。这样既做到了样品的吐故纳新,又维持了产品展示风格的丰富度。

(2) 相互替换产品的规格尺寸是否存在较大差距

样品的规格尺寸即空间占位也是样品优化过程中要着重考虑的问题。如新上样品比原样品大很多,会导致没有足够空间放置新上样品;如新上样品空间占位比原样品小很多,则会导致门店展示空间的浪费。

(3) 相互替换产品对辅助要素的需求是否一致或接近

不同样品对展示要素的需求也会存在不同,如灯光、背景、能够提高样品展示还原度的模型和配饰等。我们在调整样品时,如果能把这些因素也考虑进去,就会降低后期的很多连带成本。

如一个橱柜专卖店,对一组欧式风格橱柜的样品进行了升级替换。替代样品是一套中式实木的橱柜样品。由于原样品展示区域做了欧式风格的主题营造,现在变成了中式风格橱柜,主题背景和展示样品产生了冲突,对门店的形象展示构成了影响。

如果想要消除这种不良影响,势必要对主题背景进行去除和改造。去除和改造必然又要带来额外成本。这样无论如何,都会产生样品优化的额外成本(一方面是展示形象损失,另一方面是去除影响的成本增加)。

如某全屋定制专卖店将一套样品衣柜替换为书柜,原本的提高样品展示还原度的配饰无法继续适用,还需采购新的配饰和模型。

又如某卫浴专卖店对原本的浴室柜样品进行了大范围的调整,由于当时没有考虑到不同产品的光效需求,调整完产品之后才发现,因此想要达到理想的展示效果,就需要对灯光进行重新改造。

样品的高效和科学管理重在计划,即事前控制。因此,终端门店在实操过程中,要养成先计划,再执行的习惯。这样既可以保证样品管理各项目的顺利实施,也能合理控制组织的经营成本。

第四章

盘点那些可以辅助销售攻单的门店销售利器

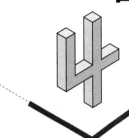

如果说门店基础环境管理是基础，样品管理是主体，那么门店道具和工具管理就是灵魂了。我们都听说过"细节决定成败"，但是真正能够把细节做到至臻至美的门店却寥寥无几。

为什么有些餐饮店的服务可以为众人称道？因为它有提前准备好的工具。为什么大品牌专卖店的销售团队给顾客的感觉总是专业且有战斗力？因为他们绝非赤手空拳在战斗，他们手上有各种各样的工具。为什么强国5000人之师可以将弱国20000人的精锐部队打得落花流水？因为他们有武器，而且是遥遥领先于敌国的先进武器。如果把销售比作一场战争的话，餐饮店为顾客准备的指甲刀、口红、拖鞋等等也都是"武器"。

大品牌专卖店里销售团队经常用以辅助销售的各种物件更是利器。环顾一下你管理的门店，真正为你的团队所应用的利器到底有多少？对比竞争对手，你的利器是否先进和有效？如果你有利器，你的团队能运用自如吗？

一线品牌的专卖店在硬件和基础设施配套方面都不会差太多，这是不争的事实！那战斗到最后拼的是什么？拼的是管理，拼的是团队，拼的是这个团队对软实力的掌握和塑造。

那么泛家居行业终端门店到底需要配置哪些利器，才能保证领先于竞争对手，才能体现出服务的专业，才能真正地胜过竞争对手？

泛家居行业终端门店的利器可分为门店辅助展示道具和门店销售工具两大类。

一、门店辅助展示道具

辅助展示道具是指那些能够辅助单个样品或一组样品，提高其展示还原度的服装配饰、各类模型、传统文化器物、玩具、餐具等相关物品。

1. 服装配饰

服装配饰主要包括成品服装、内衣、包、领带、鞋帽等。

（1）应用场景

服装配饰主要应用于全屋定制类、衣柜类、晾晒类和家具类的终端门店。

（2）应用现状

业内一线品牌多有应用，但应用范围主要局限在男士衬衫和女士吊带睡衣。将范围拓展到包、领带和女士高跟鞋的门店，已经是凤毛麟角。

（3）操作要点

应用品类要全面，本书提及的基础品类要能全覆盖。品类越全，越能提高样品或样品组合的展示还原度，以实现激发顾客购买兴趣和欲望的目的。

一些整木高端全屋定制专卖店，还应该增加一些品类，如女士晚礼服或适合成熟高雅女性穿的成品服装，男士西装自然也是必不可少。

所有服装配饰建议选择纯色，男士衬衫参考颜色为白色和蓝色；女士吊带睡裙参考颜色为黑色和暗粉色；婴童服饰参考颜色为米黄色和米白色；男鞋可省略，女鞋建议选择黑、白或灰等主色；其他配饰可灵活选择搭配。

2. 各类模型

模型主要包括食品模型、果蔬模型、书籍模型和数码产品模型。

（1）应用场景

食品模型主要适用于橱柜类、全屋定制类和厨电类终端门店，果蔬模型主要适用于橱柜类、全屋定制类、厨电类和家具类终端门店，书籍模型主要适用于全屋定制类、家具类终端门店，数码产品模型主要适用于全屋定制类、家具类终端门店。

（2）应用现状

食品模型的应用目前在业内还比较少。如果没有个别一线大牌总部的支持，仅凭单个终端门店去配置，则采购成本较高。

书籍模型和果蔬模型由于适用品类较多，已经有成熟的市场供应体系，业内实际应用的终端门店也较多。

数码产品模型在业内终端门店的应用也相对较少。

（3）操作要点

食品模型要具备一定的丰富度，如中餐的米饭和炒菜，西餐的比萨、意大利面和面包是必不可少的。

书籍模型重点在分组摆放，一般将三四本模型作为一组进行摆放。

果蔬模型选择时要注意颜色的搭配和模型的逼真度。

数码产品模型的配置可量力而行，有则更好，没有的话也无伤大雅。

3. 传统文化器物

我们要善于利用中国传统文化，尤其是经营具有传统文化属性产品的终端门店。笔墨纸砚是中国传统文化的符号，书画和瓷器作品是中国传统文化的代表。

（1）应用场景

传统文化器物主要适用于全屋定制类、家具类，尤其是中式风格家具的终端门店，如传统中式、新中式实木家具和红木家具终端门店。

（2）应用现状

笔墨纸砚在业内终端门店的应用主要局限于全国性的一线品牌门店，其他较少；书画作品应用范围较广；瓷器作品应用较少。

（3）操作要点

笔墨纸砚与书画作品本身就是一套辅助展示的组合道具，二者缺一不可。如有缺少，应给予适当补充。

如己方门店已有笔墨纸砚和书画作品的样品展示还原效果，还可以拓展一些品类，以提高终端门店样品展示还原度，如可以增加陶瓷摆件、围棋、刺绣摆件和香炉等。

4. 玩具

（1）应用场景

玩具作为道具使用，主要适用于全屋定制类且有儿童家具样品展示的门店，以及所有专卖或销售儿童家具的卖场和终端门店。

（2）应用现状

少数儿童家具品牌专卖店有少量应用，但是应用效度不高。

（3）操作要点

必须要实现对性别的全覆盖。任何只布置了男童或女童玩具的道具应用实践，都是低效且不科学的。一般女童玩具的代表是洋娃娃，男童玩具的代表是超人类或机械坦克类。

5. 餐具

（1）应用场景

餐具主要适用于厨电类、全屋定制类、橱柜类等一切设有厨房体验间的终端门店。

（2）应用现状

餐具的应用目前在行业内具有普遍性，主要是因为其成本可控，操作简便。

（3）操作要点

尽可能避免有餐具、没餐巾的尴尬。中式餐具与西式餐具应组合应用。

泛家居行业终端门店的道具还有很多，以上梳理汇总的仅是常用的道具。终端门店管理人员应结合实际，适当拓展或开发一些适合己方终端门店应用的道具。

二、门店销售工具

门店销售工具主要是指那些能够辅助并推动销售达成、增加客户信任、增进感情、彰显服务水准、营造生机的工具及其他相关物品。

1. 增加客户信任的工具

增加客户信任的工具主要包括白板、锦旗、证书和产品实际应用案例图库。

（1）白板

① 设置目的：门店设置白板的一般目的是便于门店对一个时间段内的重要工作事项进行跟进和处理，防止管理无序和过于忙碌导致的重要事项遗漏或处理不及时。

门店设置白板的核心目的是增强客户对门店的信任，但核心目的的实现要建立在一般目的的基础之上。

② 操作要点：仅需要按照白板设置的一般目的实施即可。选择与店面大小相适应的白板，小店面选大白板和大店面选小白板都是错误的做法。白板上的内容尽可能多元化，如发货安排、安装人员分配、门店会议信息等内容都应该有所体现。

有些门店管理人员理解得过于偏颇，以为白板上仅需要罗列各种产品订单和安装信息即可，但众所周知，一个门店的日常经营不可能只包括这些事件。如果只罗列了这些事件，那么给顾客的感觉就是有目的而为之，是做给顾客看的。这样，还不如不设置，因为这明显违反了白板设置的核心目的是建立在一般目的基础之上的原则。

在泛家居行业，笔者较早提出白板是增强顾客信任度的工具，但是当笔者走访全国市场时，却发现99%以上的终端门店都没有把这个工具的价值体现出来，更别说应用到极致，包括所谓的一线大牌。

白板在店内安放的位置也应引起注意，一般太显眼的位置或太偏僻的位置都不甚合理。最好的安放位置是折中，即在不影响店面正常人员流动的情况下，优先选择既不显眼又不偏僻之处。

（2）锦旗

① 设置目的：彰显门店的道德氛围和专业服务水准，强化客户对门店的信任。假设你想找个老中医调理一下身体，之前你对当地所有的老中医都没有任何了解。在某个街道上，聚集了三五个中医诊所，其中有个中医诊所的墙面上挂满了锦旗，其他诊所则一面锦旗都没有。在这些诊所都没有患者的情况下，请问你会优先选择进哪个诊所？

再如，你出差来到一个陌生城市。在靠近车站的宾馆一条街上有十几个大小不一的宾馆。通过对比，你觉得其中有两家宾馆在价格、环境方面比较符合你的需求。假设其中有一家宾馆总台挂着写有"拾金不昧"和"×市文化旅游30家诚信服务单位"两面锦旗，另外一家一面锦旗都没有，请问你会选择哪一家？

如果问题不难回答，自然也能理解锦旗对于终端门店的意义和作用。

② 操作要点：某些门店为了设置锦旗，自行做了写有"拾金不昧"或"卓越服务"的锦旗，悬挂于门店。首先不推荐这种行为，因为这违反了诚信原则。其次，这么做也过于草率，泛家居行业终端门店的锦旗落款如果没有小区名和业主名，往往没有太大的可信度和影响力。

自行制作违反诚信原则，可是客户也不可能平白无故送锦旗，那又如何是好？很简单，把服务质量提上去即可。门店要抓住售后服务的契机，尤其是那些非产品质量和安装施工导致的售后问题，即业主自身使用不当导致的售后问题，想办法帮顾客以最低的成本把问题解决掉。

如果客户请你吃饭，那么可以委婉告诉客户，你们一直想得到一面锦旗，这样己方门店在厂商方面会很有荣誉感，也会受到表彰。一般客户如果是发自内心地感谢你，一定会让你如愿。

（3）证书

证书基本囊括了产品性能指标检测报告、品牌荣誉和专利证明等由国家权威机构或第三方机构颁发或出具的书面材料、证件和证明。

① 备用目的：证书主要用来打消顾客疑虑，提高产品性能或品牌荣誉的可信度。

假设顾客在你的门店问"你们是十大品牌吗？""你们的环保能达到国家标准吗？"这些问题，请问你或你的团队是回答"是，是，达标，百分之百达标！"这些答案有力一些，还是把"十大品牌证书"和"产品环保认证或检测报告"拿出来给顾客看更有力一些？

② 操作要点：很多业内终端门店将相关证书固定在店内墙面上，这是极大的误区。从业时间较长的资深业内终端门店管理人员，请详细回顾一下你的职业工作经历，在你的记忆里有多少顾客会去看一眼墙上的证书？更别说仔细看了。

证书一定要整理成册，放在店内销售人员可随时取用的固定位置，并要求团队做到随用随还。

（4）产品实际应用案例图库

产品实际应用案例图库是指那些通过线下入户访问收集的，以及产品或解决方案在客户使用环境中的实景照片。

① 备用目的：辅助顾客了解其所关注产品的实际应用效果，加深顾客对产品应用需求的理解。

② 操作要点：产品实际应用案例图库的创建和应用不能只关注那些应用效果好的产品，针对那些产品实际应用比较失败的案例也应搜集建档，主要是作为反面教材，供那些非专业且明显存在认知错误的顾客了解。

产品实际应用案例图库的素材搜集范围不应只局限于本地市场，针对门店在售的产品，还可以向厂商申请素材支持，一般厂商搜集的产品实际应用素材，在质量和范围上要明显高于、大于某一区域市场。

（5）历史订单

历史订单是店面特意留存的一些过去的产品销售订单。

① 备用目的：辅助证明销售人员的一些话语的真实性和可信度。

② 操作要点：应按产品型号和类别进行专门的分类存放，方便销售人员随用随取。

2. 增进感情的工具

增进感情的工具是指那些能够快速拉近与顾客之间的感情，让客户完全能够感受到门店人员热情和关注的物品，主要包括饮品、食品和药品。

（1）饮品

饮品主要包括我们日常饮用的茶、咖啡和即冲果汁。

① 备用目的：满足客户多样化的需求。

② 操作要点：如果只是一种饮品，每一个门店都不缺。但是有五种以上口味饮品选择的门店还真不多见。门店不但要提供饮品，还要根据不同客户的口味，给予他们一定的选择空间。如果只提供白开水，那门店的优势将无从谈起。

红茶、绿茶、花茶、咖啡、果汁这几种常见的饮品，是门店必须要备用的。绿茶最好要在冰箱保鲜存放。

（2）食品

食品主要包括糖果、点心、水果和干果。

① 备用目的：食品备用的目的一方面表现为，摆放在门店的食品能够营造出家庭生活的氛围，这时食品发挥的是道具的作用；另外一方面表现为，当食品为客户所享用时，可以拉近我们与顾客之间的距离，尤其是初次到店的客户，这时食品发挥的是工具的作用。即食品既可以扮演道具，也可以成

为工具。

② 操作要点：建议把糖果作为必备项；以干果为主，水果为辅；点心可作为选择项。

干果类主要是花生和瓜子即可；水果最好选择小柿子、桂圆或葡萄等单位体积较小的，这样客户在享用时不会因为压力而表现得难为情。

（3）药品

药品主要包括家庭常备的应急药品。

① 备用目的：应急，满足顾客或团队成员可能出现的不时之需。

② 操作要点：某些终端门店管理者，由于害怕承担不确定的风险，不敢在门店准备药品，哪怕是家庭常备的应急药品。其实这种担心大可不必，不论对客户来说，还是对门店内部团队而言，都有必要准备一些应急药品。

如果门店有准备，当客户来到店里鼻涕或咳嗽不止时，就多了一种打动他的工具。至于他是否会服用，已经显得不那么重要了。

3. 彰显服务水准的工具

彰显服务水准的工具主要是指那些能够体现门店服务水平，表明门店对客户服务态度和呈现门店服务细节的工具和物品。彰显服务水准的工具主要包括雨伞和鞋套、多功能充电线以及玩具。

（1）雨伞和鞋套

① 备用目的：满足特殊天气条件下顾客的临时性需求。

② 操作要点：雨伞的选择要满足便携的要求。鞋套的选择要注重质量，避免客户还没到达目的地就已损坏所带来的负面效应。

（2）多功能充电线

主要满足客户为手机临时充电的需求，选择多型号接头的即可。

（3）玩具

① 设置目的：满足可能随时出现的临时性需求。假设销售人员正在门店与一名携带儿童的顾客就销售和服务细节展开交流，这位顾客携带的儿童因为久等腻烦，哭闹着要离开门店，请问你会怎么办？

② 操作要点：此处的玩具是作为安抚工具，在特定背景下安抚顾客随携儿童，发挥的是工具的作用；而上文提到的玩具则是发挥道具的作用，目的是营造出儿童主题的氛围。各位读者在概念上一定不要混淆。

如门店已经有了作为道具使用的玩具，也可随时作为工具使用，无需加备。但是如果门店仅有作为工具使用的玩具，一般不能完全满足门店的儿童主题营造需求，需要加备。

作为工具使用的玩具无需太多，两三件足矣。尽可能选择成本低、体积小的玩具。这样即便儿童执意要拿走，也可以用极低的成本做个顺水人情。

4. 营造生机的工具

营造生机的工具主要是指那些能够赋予门店生气、愉悦人们身心的室内的植物或仿真植物，主要包括盆栽植物和鲜花、仿真花草。

（1）盆栽植物和鲜花

① 设置目的：主要是赋予门店生气，增加门店活力。

② 操作要点：盆栽植物要选择那些养护难度较低、适应环境能力较强的品种。盆栽鲜花比较耗费精力，非专业人士或一时兴起的人，最好不要选择。

（2）仿真花草

① 设置目的：主要是愉悦人们的身心，调节门店的氛围。

② 操作要点：要选择那些仿真度较高的花草，在实践应用时既要注重花草本身的组合搭配，同时也要注意搭配后的花草与放置区域之间的融合度。

5. 建立客户连接的工具

建立客户连接的工具主要是指各种装修风格的参考图库。

① 建立目的：对于初次到店、处在前期信息搜集阶段的潜在客户，各种装修风格的参考图库很容易让顾客有兴趣与销售人员就自己的装修计划展开无压力的沟通，便于销售人员在客户装修计划阶段就能了解到客户的真实需求。

② 操作要点：装修风格的素材越丰富越好，既要有设计素材，也要有实景素材。设计素材可以通过互联网搜索获取，实景素材既可以通过互联网搜集，也可以在本地市场线下收集，这就需要门店平时多关注、多收集、多筛选。相对而言，本地市场线下收集的素材的应用效度要高于通过互联网搜集的素材。

6. 激励客户行为的工具

激励客户行为的工具是指那些能够推动客户为了实现某种目的或享受某种优惠而愿意付出实际行动的工具。这些工具主要是各类卡、券和函。

① 目的：激励客户做出某种特定的有利于门店销售达成的行为。

② 操作要点：卡类一般推荐制作联盟折扣一卡通，券类推荐制作厂商周年庆主题现金抵扣券，函类建议制作主题邀请函。

7. 辅助说明、测试产品性能的工具

辅助说明、测试产品性能的工具主要包括材料小样和成分样、产品配件和辅料、产品测试工具、产品维护与打理工具和解剖性展示样品。

（1）材料小样和成分样

材料小样和成分样是指那些能够反映产品原材料质地和性能的样件和物质。

① 目的：满足客户深入了解产品原材料的刚性需求，便于销售人员直观地讲解和测试产品原材料的性能和特点。

② 操作要点：任何品类的终端门店至少应该准备门店所售产品的材料小样或成分样中的一种；材料小样和成分样一般由厂商直接配给或门店向厂商申请获取；材料小样和成分样应该按标准格式进行标注，注明产品的型号和属性等相关信息；材料小样和成分样应该明确规定具体的放置位置，保证团队内部人员随时能够快速获取。

板材类、全屋定制类、橱柜类、石材类、地板类、灯具类、家具类、厨电类的终端门店适合准备材料小样。

陶瓷类、壁材类的终端门店适合准备成分样。

吊顶类、卫浴类、软体（寝具）类根据需求准备材料小样、成分样或二者同时准备。

为了凸显本店产品的优势，还应准备一些对比材料小样或成分样。对比材料小样和成分样需要在市场上收集。

（2）产品配件和辅料

产品配件和辅料是指那些能够反映产品内部组合、产品安装或施工过程中所应用的材料、辅料的质地和性能的样件或物料。

① 目的：满足客户深入了解产品内部原材料、配件和产品安装、施工相关配套的材料、辅料的质地和性能的刚性需求。

② 操作要点：所有品类的终端门店至少应该准备能够直接向顾客展示的产品配件和辅料中的一种，或二者同时准备。

产品配件由厂商直接配给或门店按需向厂商申请，辅料可以由门店向当地的辅料供应商索取或自行收集。

产品配件和辅料同样可以作为凸显门店产品配件和辅料优势的对比样。

（3）产品测试工具

产品测试工具主要是指那些能够对产品进行检验、测试并说明产品性能，传达卖方产品信息的工具和物品。

① 目的：便于为客户进行各类产品性能的检验和测试，表现产品优势。

② 操作要点：根据终端门店经营品类的不同，不同的门店应选择不同的工具或工具组合。

如瓷砖门店可以选择防滑和不防滑拖鞋作为测试工具，以打消顾客担心瓷砖太滑而摔伤的顾虑。

吊顶门店可以选择喷水壶，测试本店的浴霸产品怕不怕水汽；还可以选择水槽，以测试本店的 LED 照明灯的防水性能。

地板门店可以选择钢丝刷以测试本店地板产品表面的耐刮擦能力；卫浴门店可以通过抽水过程测试，来表明本店产品的良好使用性能；全屋定制和橱柜门店可以通过踩踏等方式，来证明本店产品的用料和产品综合使用性能，通过踢、踹柜门板的方式来证明本店产品的强度和抗冲击性能。

木门专卖店可以通过邀请客户举、抬样品以证明产品的用料质量；硅藻泥专卖店可以邀请客户轻嗅硅藻泥的搅拌料，以彰显其环保性能；铝合金门窗门店可以通过音响外放来测试其产品的隔声效果……

门店的测试工具有的需要额外配置，如门窗店用来测试隔声效果的音响；有的可以就地取材，直接将门店样品转化为测试工具即可，对全屋定制和橱柜的滑轨承重的踩踏测试和门板强度的踢踹测试可直接使用样品进行。

（4）产品维护与打理工具

产品维护与打理工具是指那些在产品使用过程中，客户为了维持环境整洁和保证产品良好使用状态而需要用到的工具或物品。

① 目的：通过模拟客户打理与维护产品的过程，打消客户可能存在的对产品使用过程中打理与维护成本较高的担忧。

② 操作要点：工具选择一定要正确。不同工艺款式的中式、欧式家具镂空与雕花，不同款式的油烟机和灶具，不同工艺材料的楼梯，不同设计生产工艺的箱、柜，可能适用不同的打理和清洁工具，终端门店管理人员应和团队成员共同探索和不断优化。

在进行模拟清洁或打理时，为了提高模拟过程和工具有效性的可信度，还可以准备一些用于污染物体的工具或物质，在模拟测试前，先对模拟作业对象进行人为污染。这样对于顾客而言，模拟测试的过程会使结果更有说服力。

（5）解剖性展示样品

解剖性展示样品是指那些能够反映产品的设计原理、内部工艺构造、材料与配件质地专门性的产品样件。

① 目的：便于客户深入且直观地了解产品的设计原理、内部工艺构造、材料选择和预期的产品使用性能和效果，同时可以辅助销售人员更好地解说、介绍产品的卖点和特点。

② 操作要点：一般门店仅设置1～2个解剖性展示样品即可。不同品类的产品解剖性展示样品也存在明显的区别。

地材类门店展示样品的解剖可选择层剖法，如瓷砖的砖坯层与表面的釉质层对比；多层实木地板的基材层分层对比以及基材层与面层的分层对比。

卫浴洁具门店的马桶的解剖可选择二分之一中线纵剖法，这样可以帮助顾客清晰地了解到马桶的抽水设计原理和内部结构。

家具店实木家具展示样品的解剖可以选择切角法，这样可以帮助顾客直观地了解家具产品的材料选择和内部工艺结构。如有的顾客很在意门店的家具产品是否为榫卯结构。

木门店展示样品的解剖可以选择二分之一横切法；寝具门店床垫的解剖可以选择四分之一纵切法；集成吊顶门店浴霸、换气扇的解剖可以选择全剖法……

凡是涉及内部结构和工艺组合的产品，都可以通过解剖性展示样品来方便客户了解产品，方便销售人员解说产品。

解剖性展示样品一般需要厂商统一配给。如果厂商没有统一配给，终端门店可以建议厂商统一配给或做出专门性的支持。

目前整个行业真正能实现解剖性展示样品统一配给的厂商不多，多为一线或高端品牌。但是从目前终端门店的实际应用来看，多数门店的销售团队没有给予其足够的重视，也没有充分发挥解剖性展示样品的应有价值。希望本书能够引起读者足够的重视。

通读本节之后，或许很多读者会有这样的感慨，原来卖家具和建材还这么麻烦。是的，关注细节往往意味着麻烦，只有不怕麻烦的人才能够不断进步，才能够对得起专业和服务这样的词。

第五章
细数销售过程的控制与管理

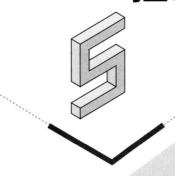

第一节 一场销售战役的战前准备包括这些事
第二节 把销售战役推向胜利少不了这些打法
第三节 有效的售后管理必须这么做

第一节
一场销售战役的战前准备包括这些事

如果把销售过程比作一场战役的话,终端门店管理者就是这场战役的指挥官,肩负着从战役准备到战役执行再到战役收尾的计划、组织、指挥和实施控制的神圣使命。而整个销售过程中的售前、售中和售后三个阶段刚好对应的是战前准备、战术拟定与实施、战役收尾。

古人云"兵马未动,粮草先行""凡事预则立,不预则废""有备无患",等等,实际上都是在强调,无论是一场战役也好,还是一件小事也罢,要想取得好的结果,充分的事前谋划和准备非常有必要。

泛家居行业终端门店销售战役的战前准备主要包括店态准备、接待与服务准备和物资准备。

一、店态准备

终端门店管理者应于每日团队营业准备完毕后,对整个战役准备情况进行全面检查,弥补准备不充分或疏漏之处,就地整改优化。这既是终端门店管理者应有的职业素养,也是销售战役战前准备工作的重点。

团队管理者要让团队成员知道自己非常关注这些事,而且是每天持续不间断地关注。很多良好的团队作风和习惯也都是这样慢慢养成的。

我们经常在战争题材的电影或电视剧中看到这样的镜头,每当大战在即,所有指挥官都会到前线走一走,看一看,一方面是为了鼓舞士气,最主要的目的还是战前准备检查:战争工事修筑得如何?物资储备是否充分?战士们状态如何?这是每一个想要取得战役胜利的指挥官关心的问题。

1. 环境准备

(1) 环境准备的目标

环境准备的目标是店面内外及软硬环境均按照门店管理标准和制度布置,不存在执行偏差和漏洞。

(2) 环境准备的督查方向

① 正向:有吸引力的环境要素是否都已处在工作状态?如店外门前花束、户外音响、室内灯光,这些都是对进店率有重要影响的环境因素。

② 反向:有排斥力的环境要素是否都已经被消灭?如店内外的脏乱差现

象、狭窄的预留过道空间、沉闷的门店氛围、低质量的背景音乐和空气异味，这些都是影响消费者是否愿意在门店逗留的负面环境因素。

2. 人的准备

（1）目标

团队成员的职业形象均按照门店管理制度的要求落实，不存在特例。

（2）督查方向

① 正向：团队成员的职业形象和素养能否传递出一种专业、规范的感觉？如职业形象与妆容得体、精神面貌较佳、团队氛围融洽。

② 反向：团队成员的职业形象和素养是否传递出一种业余和低级的感觉？如凌乱的发型、随意搭配的衣着、有瑕疵的妆容、扎堆聊天、倚靠站立和慵懒的坐姿。说得再具体一点，穿着拖鞋上班、口红超出了唇线、几个销售人员在一起扎堆聊天、倚靠门柱玩手机这些现象在业内终端门店并不少见。一个合格的终端门店管理者应该想办法让这些现象消失。

店态是由一系列门店环境要素和人共同构成的店面环境状态。任何一方面准备不充分，都会直接影响另外一方面的准备成果。门店管理者要反复强调，严格执行，直到整个团队养成习惯。

二、接待与服务准备

接待与服务准备既包括心理上的准备，也包括行为与协作方面的准备。心理上的准备是指团队对服务流程的认知和理解与门店的相关规定一致，行为上的准备是指团队已经处在可以随时接待和服务客户的状态中，协作上的准备是指团队就服务过程中的相互配合已经有了共识。

1. 心理上的准备

管理规范的门店对客户接待与服务流程会有标准和制度规定，但往往这些标准和规定在执行过程中没有对团队成员产生足够的约束力，他们仍然按照自我的理解和习惯行事，说明团队成员在开始接待和服务顾客前，几乎没有做好心理上的准备。

终端门店在接待与服务客户的过程中，先不管其他方面的要求能否执行，有三个关键点是必须要求团队成员做好心理准备的，这三点分别是迎接、接待和送客。

（1）迎接

迎接是指当顾客准备进店或已经进店时，销售人员要有一个主动上前迎接顾客的动作，或快走，或小跑，总之要把"迎"的感觉营造出来，最好能让客户感受到销售人员的喜出望外。

（2）接待

接待是指当顾客进店后，销售人员要注意观察，客户手上是否拎了一些物件（随身包除外），是否有随身携带的大件物品。如有，应及时引导客户放在指定地点或直接接过来帮客户放好。同时，根据客户口味需求为其准备一杯饮品。要让客户有宾至如归的感觉。

（3）送客

送客是指当顾客离店时，销售人员要送一下客户，陪伴客户走十几米甚至几十米，临别时站在原地，再目送一下客户，让客户感受到销售人员的依依不舍。

迎接、接待与送客是最能体现门店服务意识和态度的关键点，是最需要在细节上下功夫的，同时也是当前业内终端门店相对薄弱的环节。如果没有做好充分的心理准备，就不可能把上述三点完整有效地落实到具体行动中。

终端门店管理者要经常性地关注团队在服务方面的具体表现，尤其是上述三个关键点。如有执行不彻底的情况，大多数是因为对方心理上根本没有准备或准备不充分。在条件允许的情况下，终端门店管理者应立即找到当事人，督促其做好服务方面的心理准备。

2. 行为上的准备

行为上的准备是指团队成员中至少要有1个人处在待迎宾状态，时刻关注店门口行人的动态。

3. 协作上的准备

协作上的准备是指团队成员对于当天有可能出现的2人组或3人组小组工作的分工与协作，做好了心理与行为上的双重准备。

三、物资准备

1. 道具与工具准备

道具与工具准备往往是通过全面盘点来实现的，养成每日早会后对工具与道具进行全面检查的工作习惯。检查维度主要包括存量、空间与状态。

（1）在存量上检查其完备性

在存量上检查其完备性是指，全面检查门店规定标配的工具和道具是否都已配置，且配置数量与门店标准定额是否一致，有无缺少或损坏。

（2）在空间上检查其秩序性和稳定性

检查所有的工具与道具是否放在门店规定的位置上，是否存在秩序混乱或未按要求归位的情况。如发现问题，应及时恢复秩序。很多门店的确准备了一些道具与工具，但是对这些道具与工具的管理十分低效，将其随意丢弃和摆放，不但影响了店面形象，也增加了销售人员找寻工具的时间成本，甚至是根本找不到工具。

（3）在状态上检查其可用性

在状态上检查其可用性是指，所有的工具与道具在准备阶段都应该处于可工作状态。所谓的可工作状态，就是工具和道具能够发挥其存在和应用的价值。

如门店有备用药品，但已经过期；有干果，但是已经发霉和受潮；有喷水壶，但里面没有水；有打火机，但是已经无法点火；等等。这些状况都是工具不在工作状态、不具备可用性的表现。

2. 饮食品

饮食品的准备，主要是检查其存量和状态，既要保证有存量，也要保证可以供顾客饮用、食用。

四、准备工作的保障措施

如果所有的准备工作全部需要门店管理人员来负责，显然有些低效。合理的做法是门店管理人员应进行适当的内部分工，把准备工作由一个人负责，变成由几个人负责。这样既可以减轻门店管理人员的工作压力，也可以让更多人关注到准备工作并担负起相应的责任。

1. 小规模门店的准备工作分工

小规模门店的准备工作分工比较简单，门店管理者主要负责人的准备和人员心理上的准备，在人手少的情况下可以附带一部分物资准备；其余准备工作安排其他团队成员负责即可。

2. 中等规模门店的准备工作分工

中等规模门店管理者只负责人的准备和人员心理上的准备，其余的店态准备、接待与服务准备和物资准备，可以各安排1个人对准备结果负责。

3.大型终端门店的准备工作分工

大型终端门店管理者仅负责人员心理上的准备即可,其余的各个方面的准备工作可以视团队规模和检查工作的工作量大小进行合理分配。

以上都是常规条件下必须要做好的准备工作,是终端门店最为基础的准备工作。实际上门店的准备工作,无论是从类别,还是从细节上来讲,都远远不止这些,终端门店管理者应结合门店实际情况,制定有针对性的具体的准备工作管理方案。

准备工作几乎都是建立在门店相对规范化的制度和机制基础上的,如果没有制度和机制作为载体,团队成员也不清楚具体应做好什么样的准备,管理人员或检查准备工作的具体人员也不知道如何来判定一些工作是否准备充分。

可见,终端门店相对标准化和规范化的制度和机制建设是开展其他管理工作的基础,如果你负责的门店制度和机制建设还是空白或不健全的,就要尽快予以创建或优化完善。

第二节
把销售战役推向胜利少不了这些打法

销售战役战前各项准备工作就绪后,我们将要面对的就是具体的销售战役执行,也就是整个战役阶段的核心了。由于泛家居行业的特点,大多数战役都需要持续一段时间,才能确定战役的成败。也就是说,泛家居行业的销售战役呈现出的是以中长期战役为主的特点。

在整个战役里,我们可能要面对各种各样的战斗,如产品讲解和推广、解决方案、价格谈判等等。任何一场战斗都可以将我们往胜利的方向推进一步,也可以将我们的战役画上失败的句号。也可以说,一次战役的胜利需要许多次小规模战斗的胜利作为基础;而一次战役的失败仅需要一次小规模战斗的失败就够了。

为了能够取得战役的胜利,我们必须全力以赴地准备每一次战斗,不但要根据每一次战斗的不同特点,及时制定有针对性的战术并督导实施,还要根据战情的变化,及时对战术方案做出调整,以利再战,并在战斗中保持优势地位,直到取得胜利。

现阶段终端门店的管理者既是战役的指挥官,也是战役的参谋长,有时也会是狙击手或冲锋在前的钢铁战士，与团队成员们并肩作战。导致这一现象的根本原因是行业品牌集中度还不高，严重分散的品牌竞争格局导致终端门店规模长期处在缓慢增长或无法增长的境遇中。

门店规模不大就不会有更多的人员配置，没有更多的人员配置就不会催生组织分工的专业化，没有专业化分工的组织，终端门店管理者的多重战役角色自然也就可以理解了。

在关键战斗中或是战斗发展到超出团队承受能力的时候，往往最需要门店管理者介入，主要是因为这两种条件下的战斗往往更具难度和挑战性。但门店管理者介入也不一定能够保证战斗胜利。

而且一旦战斗失败，结果并非管理者退出战斗这么简单。原因是在门店管理者介入战斗后，如果其表现出来的战斗素养和战术执行能力还不如一般销售人员，那么他将面临严重的信任危机和管理权威挑战，这才是最差的结果。

因此有人认为，既然如此，管理者还是不要介入战斗为好，至少不容易暴露自己的实力。这个想法也是错误的。因为管理者是战役总指挥，所有人在战役中遇到的难题都会来找他解决，请求指示，无论如何都会不同程度地介入。

总而言之，打铁还需自身硬。终端门店管理者无论是否参与战斗，都要面对各种战役的挑战。当然，如果你有能力化解这些挑战，或者至少没有表现得比你的下属差，就完全可以坐牢你的位置，并取得整个团队成员的信任和仰慕。

战术策划、辅导实施和调整对于泛家居行业终端门店管理者而言，就是硬核实力，是你在业内终端纵横捭阖的护身符。具备了一定的战术操控能力的门店管理者，"上马"可以指挥团队作战，"下马"可以与竞争对手展开贴身"肉搏"；既可以满足专属角色需要，也可以满足多重角色需要。这类门店管理者也是大多数业内终端经营者梦寐以求的人才。

针对泛家居行业终端一些常规战斗，本节整理了一些战术方法，供各位读者在终端门店管理实践中参考和运用。顺便也提醒一下，先别质疑战术是否有用，等你用过了且都三次无效后，再质疑也不迟。

一、邀约战斗

邀约战斗是指销售人员针对尚未到店，或者已经到店但只是简单了解了一下产品的顾客展开的主动性和跟进性沟通。其目的是邀请客户到店了解品牌和产品或与意向客户进行更加深入的沟通。

针对邀约战斗的战术主要有炫耀武力战术和利诱战术。

1. 炫耀武力战术

炫耀武力战术是指销售人员通过与客户的沟通，展示当下门店某一方面或全部的优势，让潜在客户发自内心地认可，并对顾客产生足够的吸引力，进而使其愿意到门店深入了解产品的战术。

（1）战术背景

炫耀武力战术适合尚未到访过门店或到访过门店但没有认真与销售人员做过深入沟通的客户，即还没有全面深入了解过产品的客户。

（2）战术目的

通过展示组织优势并将这种优势转化为对顾客的吸引力，吸引其到店并进行深入沟通。

（3）战术操作要点

炫耀武力战术应选择门店资深销售，尤其是对行业和组织优势理解比较全面的销售人员。销售人员如果足够专业的话，那么他个人也是门店优势的一部分，他可以在某些方面或全面地为初次装修没有方向的业主提供咨询和答疑。

品牌优势、产品卖点和当地沉淀的标杆成功案例都是可以展示的优势。

2. 利诱战术

利诱战术是指销售人员通过"促销活动""厂商周年庆现金抵用券"等名义告知客户，近期到店预计能得到的让利和回馈，来激励意向客户到店深入沟通的战术。

（1）战术背景

适合那些已经到访过门店且与销售人员有过沟通，但未产生明显的购买冲动和深入了解产品意愿的客户。

（2）战术目的

激励客户再次到店了解相关产品。

（3）战术操作要点

利诱战术比较适合在门店有促销活动时应用。如果确有邀约需要，但当时门店又没有促销活动，可以利用门店提前准备好的激励工具，如厂商周年庆现金抵用券，以替换促销活动，激励潜在客户到店。

二、产品讲解战斗

产品讲解战斗是指销售人员在为客户介绍、解释和说明产品相关信息，推广宣传产品特点和卖点的过程中对客户产生影响，激发客户产生购买冲动和欲望的过程。

适合产品讲解战斗的战术主要有"独角戏"战术和"二人转"战术。

1."独角戏"战术

"独角戏"战术是指销售人员在为客户讲解产品的过程中，通过有效组织和调动自身的语言、情感和行为动作，用一种生动、幽默且充满说服力的方式来宣讲产品信息、塑造产品卖点的战术。

（1）战术背景

适合日常门店销售人员为客户介绍产品，且参与沟通的客户方为1人的情况。

（2）战术目的

引发客户深入了解产品的兴趣，让客户不再对产品介绍感觉到枯燥，增加客户对产品质量、特点和卖点的信心，激发其产生购买产品的欲望和冲动。

（3）战术操作要点

终端门店管理人员要经常组织门店独角戏战术大练兵，不断总结深化每个人的有效建议和出彩行为，并不断将其纳入战术行为指导规范。

经常将"如何生动幽默地阐述产品卖点"和"如何把对产品的测试和演示等行为做得更有影响力甚至能够直抵客户心灵"这两个问题向自己和团队成员发问，因为这是独角戏战术的核心，也是能够称之为"戏"的基本条件。千万别把独角戏战术编排成了一人谈，却反过来说战术效用不高。

独角戏战术是一个"演练→实践→总结→演练→实践→总结……"不断循环的过程，随着循环次数的增加，自然慢慢就会找到感觉，收获到意想不到的成效。

2."二人转"战术

"二人转"战术是指销售人员在为客户讲解产品的过程中，通过两人一组相互紧密配合的方式，根据事先默认和既定的分工为客户介绍产品信息、塑造产品卖点的战术。

（1）战术背景

适合日常门店销售人员为客户介绍产品且有超过 2 人的客户方参与沟通的情况。

（2）战术目的

在客户方参与沟通的不只 1 人的情况下，如果多位客户同时发问，销售人员既要演示又要回答，会存在明显的力不从心。通过小组分工，销售人员可以为客户提供高效率的服务；使用二人转战术，可以让那些介绍产品表现优秀的员工在实践中指导介绍产品表现一般的员工。

（3）战术操作要点

需提前明确哪一个人是主角，哪一个人是配角。主角仅对产品介绍和演示负责，不对整个销售过程负责，完成自己负责的工作后就可以退出，不需要继续与客户沟通。这样可以避免同事间因小组协作争抢客户或客户主动选择销售人员引发的矛盾。

"二人转"战术的应用同样应遵循"演练→实践→总结→演练→实践→总结……"的类似独角戏战术的路线。

三、客户跟进战斗

客户跟进战斗是指销售人员为实现销售目的达成，持续与客户保持沟通和互动，了解客户与购买相关的最新动态和信息的过程。

泛家居行业的特点决定了大多数销售目的的达成都是建立在一定时间段的销售跟进基础上的，然而销售跟进却又让大多数终端销售人员望而却步，很多本来可以胜利的销售战役，实质上都是败在了客户跟进上。

适用于客户跟进的战术主要有双线跟进战术、虚实相合战术和平行关联战术。

1. 双线跟进战术

双线跟进战术是指销售人员通过有目的地建立备择客户联系人的方式，在跟进战斗中，实现在必要时仍然具有主动权的战术。

（1）战术背景

与客户方主要联系人无法沟通，或是不与销售人员就购买进程进行任何动态信息的交流和互动。

（2）战术目的

及时掌握客户动态信息，以便及时调整沟通方式和销售策略。

（3）战术操作要点

双线跟进战术属于伏击战术，需提前做好埋伏。销售人员应在与客户沟通初期，通过各种方式，以各种理由争取把客户方的男女户主或是能够对销售决策产生实际影响的户主家属加入通讯录，便于在主要客户联系人路线封闭的时候还能开启另外一条跟进路线。

在非双方共同决策的条件下，即男女户主中仅有一人决策的情况下，如可以和主要联系人保持正常跟进和沟通，不要轻易与其他联系人沟通，避免引发主要客户联系人的反感，弄巧成拙。

2. 虚实相合战术

虚实相合战术是指销售人员不局限于电话和短信的跟进方式，在跟进战斗需要的情况下选择面对面跟进方式来使跟进工作持续的战术。

（1）战术背景

在主要客户联系人跟进无法进行，双线跟进战术无法应用或应用效度较低无法对跟进工作产生实际助推作用的背景下应用。

（2）战术目的

表明己方的工作态度和销售自信，维持客户跟进战斗并取得实质性成果。

（3）战术操作要点

虚线即通过电话和短信的方式跟进，实线即通过面对面交流的方式跟进。虚实相合战术也应提前准备，主要是了解客户的实际装修施工现场地址或其经营事业的单位地址。获取经营事业的单位地址仅限那些个体工商户或自己经营企业的客户。

执行实线跟进战斗任务时，应该为自己找一个非常恰当的理由，以避免突然见面给双方带来的尴尬。如果实在找不出，强行跟进也总比放弃强，否则战役失败就不只是尴尬了。

3. 平行关联战术

平行关联战术是指销售人员利用异业或行业人脉资源，采取间接跟进的方式来及时获取与意向客户购买相关的动态信息的战术。

（1）战术背景

适合双线跟进战术和虚实相合战术无法实施或实施无效，或是客户跟进战斗确有需要时使用。

（2）战术目的

表明己方将战斗进行到底的决心，辅助战斗进行和持续。

（3）战术操作要点

平行关联战术既可以作为客户跟进战斗应对战术集合中的底牌，也可以作为其他战术的补充，共同组成客户跟进战斗的复合战术。复合战术在一定程度上打击力更强。

平行关联战术的实施需要具备基础战术条件，也可以理解为必要的战术准备。即终端门店组织或相关销售人员在本地市场有非常不错的人脉资源，尤其是那些客户必选品类的人脉资源，如瓷砖、卫浴和五金管线等。

四、需求洞察战斗

需求洞察战斗是指销售人员为实现充分挖掘、了解客户需求的目的，运用各种方式和方法达成目的以及为此所付出的各种努力。针对需求洞察战斗最为有效的战术是海量信息战术。

海量信息战术是指销售人员通过全面而广泛地收集客户信息，实现对客户需求精准洞察的目的的战术。

（1）战术背景

适用于成交前的历次沟通。

（2）战术目的

精准了解客户需求，提高服务效率，提高方案通过业主审核的概率，为解决方案修改方向提供参考。

（3）战术操作要点

海量信息战术的目标达成离不开三项关键单兵作战技能的支持。这三项单兵作战技能分别是有目的提问、倾听加引导和施工现场实地调研。

有目的的提问，要求销售人员不但要知道自己需要问什么问题，而且还要知道这个问题怎么问才不会显得生涩，越是不生涩的提问越能得到客户高质量、快速和不加任何防备的回复。显然，问题的设计和提问的方式是有目的提问的关键着力点。

倾听加引导，需要销售人员具有非常强的把握沟通节奏的能力。当客户发言时，销售人员应以倾听为主，当发现客户所谈信息非自己所想时，再适当把话题引导回来，让客户继续说，自己继续倾听。倾听加引导的过程实际上就是一个从客户言谈中抽提对洞察客户需求有价值的信息的过程。这需要销售人员具备一定的理解、分析、归纳和推理的能力。

施工现场实地调研相比前两项技能容易一些，需要销售人员对客户的整个产品或解决方案的微观使用环境和小区所处的宏观环境进行有选择的记录。施工现场实地调研最好能够与潜在客户一起实施，这样可以就很多不确定性的环境因素与客户进行直接沟通，尤其是微观环境。并且，与客户在施工现场的沟通，也能方便销售人员理解客户的需求以及围绕需求将要实施的计划和举措。

通过提高三项单兵作战技能，我们可以采集大量的与客户需求相关的信息。在此基础上，销售人员还需要结合行业专业知识以及所售产品或解决方案的特点，分析并描述出客户的实际需求。

五、解决方案战斗

解决方案战斗是指销售人员或设计师就客户的产品或解决方案与客户确认、讨论、修正，并辅助客户做出科学客观的购买决策的过程。

适合解决方案战斗的战术包括后备战术、群组战术和证据导向战术。

1. 后备战术

后备战术是指通过储备后备方案来提高产品或解决方案通过业主审核的概率的战术。

（1）战术背景

适用于向意向客户提交解决方案初稿时，尤其是客户需求表达不清楚或己方对自评方案通过业主审核把握不大的情况。

（2）战术目的

在业主对主方案不满意或业主认为主方案需要大范围修改时，用以弥补主方案中的失误，提高与业主的沟通效率，避免给业主留下不专业或不能精准把握其需求的印象。

（3）战术操作要点

备选方案适合己方对方案通过业主审核把握不大的情况。当男女业主同时参与购买决策，且己方无法判断出主要购买决策者时，也应在构建主方案的同时，准备一份备选方案。

这样一方面可以避免购买决策者意见不统一导致的主方案审核不通过，另外一方面通过主方案和备选方案的对比，销售人员可以更精准地了解客户的需求和修改意见。针对男女业主同时参与购买决策的备选方案构建方向，可以在与业主方沟通过程中分别采集男女业主各自的购买需求偏好信息作为参考。

2. 群组战术

群组战术是指通过小组方案研讨会的形式，收集或讨论客户需求建议并明确方案优化方向，以提高首轮或优化后的方案获得业主审核通过概率的战术。

（1）战术背景

重要关键客户的首轮解决方案创建，或一些需要大面积修改且方案构建和修改人员对自己方案修改优化工作没有明确的方向和较大的信心的状况下可以选择群组战术。

（2）战术目的

提高首轮方案或修改优化后的方案获得业主审核通过的概率，间接提高团队成员的产品解决方案输出和优化能力。

（3）战术操作要点

群组战术通常要召集更多的人员参与小组讨论，这样不但可以集合众人的智慧，广泛收集优质的建议，也可以对方案输出能力较弱的团队成员产生一定的赋能作用。

3. 证据导向战术

证据导向战术是指通过应用具有实证作用的素材或工具，纠正由客户本身的不专业和理想化带来的认知偏差和错误，以保证己方方案建立在客观科学的基础之上，取得客户理解，并避免客户在错误的认知基础之上可能对方案构建带来的负面影响的战术。

（1）战术背景

适用于与理想化、存在认知错误且比较固执的非专业客户沟通时陷入僵局的情况。

（2）战术目的

将客户从错误认知的道路上拉回来，确保其不对解决方案的构建产生负面影响。

（3）战术操作要点

对于非专业、存在错误认知的客户，通常我们只用语言与对方沟通解释，已经很难说服对方了。但如果我们按照客户的建议去构建方案，明显也会存在问题，那样等于白白浪费时间。所以，我们必须通过一些装修实景的负面或正面案例来告知客户他为什么错，错在哪里，这样客户更容易理解。

实景案例图片素材准备越充分，证据导向战术的运用也就越有保障。我们不但要有装修案例实景图片这些工具，同时还要保证其丰富度。

六、促单战斗

促单战斗是指销售人员为促使客户做出购买决策，实现销售目的达成所做出的一系列努力。

适合促单战斗的战术主要有压迫战术、迂回战术、喧宾夺主战术和融化战术。

1. 压迫战术 （机会成交）

压迫战术是指销售人员通过为客户制造稀缺和紧迫感，实现销售目的达成的战术。

（1）战术背景

适用于需要客户做出购买决策，客户却犹豫不决的情况。

（2）战术目的

促使客户做出购买决策，实现销售目的达成。

（3）战术操作要点

当通过几次沟通，客户几乎了解了所有与购买相关的信息且有明确意向购买产品时，销售人员可以促单。如果是当日进店，但是双方之间聊得很深入，客户表现出了明确的购买意向，销售人员也可以促单。

很多销售人员有一个这样的认知，即客户一般都要沟通两三次才下订单，当天进店的客户很少或几乎不下订单，不需要在客户初次进店时就选择促单。其实这是个错误的认知，也是一个行业特点导致的惯性认知。什么时候开始促单，与客户第几次来店并无特别大的关系，关键在于与客户沟通的内容是否已经足够广泛，客户有没有明确的意向购买产品，如果这些都有，就可以试着促单。

大多数客户之所以需要沟通两三次才能做出购买决策，一方面是因为客户对购买大件商品都比较谨慎；另外一方面也是最主要的方面是客户一般初次到店不会与销售人员沟通太多，更多的是收集信息。终端门店管理人员一定要通过会议或培训将这些情况及时地传达给自己所管理的团队。

2. 迂回战术

迂回战术是指通过利用与意向客户有某种关联的老客户，对客户的购买行为产生影响，促使其做出购买决策的战术。

（1）战术背景

适用于门店促单无效的情况。

（2）战术目的

影响意向客户的购买行为，实现销售目的达成。

（3）战术操作要点

并非所有的促单都是通过销售人员的话术实现的，如果你不这么认为，那说明你对促单的认知还有偏差。在销售人员话术促单无效的情况下，我们可以利用与意向客户有关联的一些老客户对其购买行为进行影响。

如意向客户是一位老师，门店促单无效后，你可以在老客户数据库里筛选出同为老师的老客户资源加以利用，与这位意向客户的关联度越高越好，如同一学校，同一区块，同样的性格或年龄，这些都算关联度高的表现。

如果你方便带这位意向客户去老客户家里最好，这样两位老师之间就会自然而然地交流，都不需要你从中介绍。如果不方便去老客户家里，就找个时间，当着意向客户的面，和这位当老师的老客户聊聊，并想办法让意向客户也加入。远程沟通中，视频是比较不错的方式。这是从职业关联维度考量，我们可以实施的促单战术。

如果从区位维度考量，居住在同一小区或同一片区的客户，我们也可以实施促单战术。由于空间距离较近，操作起来会更加方便。无论是职业维度，还是区位维度，都需要门店的老客户拥有较高的客户满意度，否则没有老客户会愿意提供帮助。

迂回战术的特点是，看似没有促单，但实际上已经促单了，并且担当促单主攻手的还不是销售人员。

3. 喧宾夺主战术

喧宾夺主战术是指销售人员以一种非常自信的状态，通过主动帮助客户做出购买决策，实现销售目的达成的战术。

（1）战术背景

适用于客户迟迟不肯做出购买决策，瞻前顾后，没有主见的情况。

（2）战术目的

帮助客户做出购买决策，实现销售目的达成。

（3）战术操作要点

在整个泛家居行业大多数终端门店，销售能力强的老板或店长都实施过这个战术。可是为什么销售人员不实施呢？可能是销售人员对客户的判断没有那么准确，最主要的还是怕由于决策失误承担责任。

终端门店管理人员应该让团队成员明确这样一个事实，没发生过销售人员因为帮客户做出购买决定导致客户决策失误，还要赔客户钱的案例。但是因为不敢帮助客户做出购买决策，而被竞争对手门店的销售人员抢先，最后销售失败的事件，却几乎每天都在发生。

喧宾夺主战术实施的重点是对客户性格的判断。门店管理者要告诉团队成员，遇到那些没有主见的客户时，帮助他们做出购买决策是对他们最大的帮助。

4. 融化战术（活动消化）

融化战术是指利用活动促销的氛围和优惠促使客户成交的战术。

（1）战术背景

适用于其他促单战术无效的情况。

（2）战术目的

通过氛围与优惠的双重影响，促使客户做出购买决策。

（3）战术操作要点

竭尽所能将客户邀请到门店或联盟促销的活动现场。只要意向客户能来，通过战术达成销售的目的也就实现了一多半。

七、价格谈判战斗

价格谈判战斗是指销售人员就产品成交价格与客户展开的各种斡旋和斗争。

适合价格谈判战斗的战术主要有成本分散战术、决策风险—权衡利弊战术、例证战术和请求支援战术。

1. 成本分散战术

成本分散战术是指先对产品的预成交价格和客户的心理价格做差额核算，再将实际差额均摊至产品预计使用年限中的每一天，以降低客户对产品价格的敏感度，使客户接受产品预成交价格的战术。

（1）战术背景

适用于客户准备做出购买决策，但又觉得己方给出的预成交价格超出了其心理预期的情况。

（2）战术目的

降低客户对价格的敏感度，实现预成交价格谈判的预期目的。

（3）战术操作要点

第一步，计算出产品或解决方案的预成交价格与客户心理价格之间的差额，客户通常也没有明确的心理价格，一般会以竞争对手同类产品的卖价作为自己的心理价位。

第二步，将二者差额除以产品或解决方案的预计使用年限，得出平均每年客户多花的钱。

第三步，用每一年多花的具体金额除以365，即为客户每一天多花的钱；通过几次核算，这个数值已经变得非常微小，客户更容易在心理层面接受。

2. 决策风险—权衡利弊战术

决策风险—权衡利弊战术是指销售人员以展示案例的方式，告诉客户不能只关注价格而不关注产品质量和体验，并说服客户接受己方产品预成交价格的战术。

（1）战术背景

适用于客户觉得己方产品价格高，而市场其他同类产品有价格优势的情况。

（2）战术目的

纠正客户认知偏差，说明正确的购买决策方式，促使客户接受己方产品或解决方案的预成交价格。

（3）战术操作要点

决策风险—权衡利弊战术实施的前提是客户经过错误对比，得出了错误的结论。通过讲述案例的方式，委婉地向客户传达道理。

如我们可以这样说："我们这边有个阿姨，前段时间买柜子的时候，不听大家的建议，一味关注价格，不关注产品是否环保。当时客户以为赚到了，可是买回家之后味道很大，家庭成员都无法接受，有些人甚至出现了不良反应。后来阿姨不得不将这个柜子当垃圾处理掉，又重新买了一个当时认为比较贵的品牌柜子。这样算下来，阿姨不但没赚到，而且还亏了。亏的不只是钱，还有家人的健康！"

3. 例证战术

例证战术是指利用能够证明产品预成交价格合理的证据和证明，影响客户购买心理，说服客户接受己方产品或解决方案预成交价格的战术。

（1）战术背景

适用于客户质疑产品价格合理性，或担心因自己议价能力不强而吃亏或买到高价产品的情况。

（2）战术目的

通过例证展示，打消客户心理顾虑，接受产品或解决方案预成交价格。

（3）战术操作要点

历史订单工具的准备要充分，这是例证战术得以实施的前提条件。理论上门店在售尤其是主力畅销产品的历史订单都应该有所准备。在给客户呈现历史订单的过程中，销售人员要表现得斩钉截铁，给客户传递出己方绝不会以高于历史订单的价格向其出售产品的感觉。

4. 请求支援战术

请求支援战术是指销售人员通过在价格谈判现场直接向厂商方面为客户争取价格让利，帮助客户谋取福利的方式实现价格谈判胜利的战术。

（1）战术背景

适用于客户已经表现出了明确的购买意向，价格成了最后的障碍；或客户表明如果价格达到其心理价位就马上成交的情况。

（2）战术目的

为客户谋取福利，让客户感觉到自己在为其做利益争取，将价格谈判推向胜利。

（3）战术操作要点

其一，在销售现场给厂商打电话的时候，最好能将电话免提打开，让客户听到销售人员与厂方人员之间的沟通过程，尤其是销售人员为其不停争取的过程，会让客户感动。其二，在与厂商人员申请价格支持之前，一定要跟客户确认，一旦申请成功，要当场签单，免得客户只想试探，导致价格谈判的胜利并不能转化为成交，那么这个胜利也将毫无意义。其三，与厂商人员申请优惠的整个话术，终端门店管理人员也应该仔细设计，否则，战术效用会比较低。销售话术设计比较薄弱的终端门店管理人员，可以参考《家居建材销售一定要懂的心理学》一书。

八、与竞争对手抢客户战斗

与竞争对手抢客户战斗是指为了实现销售目标的达成，在有竞争对手参与销售竞争的情况下，组织与竞争对手展开的正面对抗和竞争。

适合与竞争对手抢客户战斗的战术主要有以利比弊战术、扩大范围战术、缩小范围战术、类同影响战术和决策干扰战术。

1. 以利比弊战术

以利比弊战术是指通过以己方优势对比竞争对手劣势的方式，影响顾客购买决策并达成销售的战术。

（1）战术背景

适用于有竞争对手参与竞争同一客户的情况。

（2）战术目的

影响顾客购买决策，实现销售目的达成。

（3）战术操作要点

以利比弊战术实施的基础是保持相对客观的态度和运用建议式的沟通话术。把己方的优势充分阐述出来，并尽可能将这种优势能给客户创造的价值泛化，以委婉的方式阐述竞争对手可能存在的劣势，并将其可能给客户带来的伤害泛化即可。

千万不能直指竞争对手缺陷，并发表一些富有攻击性和贬损对方的言语，这是大忌。以利比弊战术最好的实施心态应该是作为一个相对专业的业内人士，给客户提供一些如何正确选择品牌和产品的建议，是完全站在客户和中立角度的表达，与销售和经营无关。

2. 扩大范围战术

扩大范围战术是指通过将与竞争对手的竞争从局部扩大到全局的方式，凸显组织优势并在销售竞争中取得胜利的战术。

（1）战术背景

适用于有竞争对手参与销售竞争且己方综合优势明显的情况。

（2）战术目的

通过全面作战，彰显己方竞争优势，击退对方，收获销售胜利。

（3）战术操作要点

扩大范围战术的实施前提是确保做到知己知彼，即对己方和竞争对手的情况做到了如指掌。行业终端品牌门店很多时候在与竞争对手进行角逐时，动不动就在价格方面被对方钳制而束手无策，关键是因为不会运用扩大范围战术，没有让客户觉得这个价格是值得的。

譬如说一个有驻店设计师的门店和一个没有驻店设计师的门店相互竞争客户，有驻店设计师的门店销售人员完全可以建议客户"让两家门店各自出一套方案，这样对比一下，再沟通其他内容岂不是更好"。

再如，一个一线品牌门店和一个三四线杂牌门店在当地市场竞争，一线品牌门店销售人员完全可以建议客户"看是否环保要有报告，看是否是品牌要到网上查询，看产品质量是否过硬要亲自去测试或体验，看客户口碑要关注老客户"。

如此一番操作下来，综合竞争力较差的竞争对手如何抵挡得了？如果你的团队在综合竞争力方面具备绝对优势，但你的团队又不会运用扩大范围战术，那么这些优势都是零。

3. 缩小范围战术

缩小范围战术是指通过缩小与竞争对手的作战范围，将客户注意力引导至对己方有利之处，以在竞争中取胜的战术。缩小范围战术是与扩大范围战术相悖的战术。

（1）战术背景

适用于有竞争对手参与竞争且己方综合竞争优势明显不敌竞争对手的情况。

（2）战术目的

击溃竞争对手，在销售竞争中取得胜利。

（3）战术操作要点

缩小范围战术实施的着力点是使客户关注己方相比竞争对手有绝对优势之处。如果客户关注的地方己方没有优势，但是己方具备优势的地方，客户又不关注，那么首先要解决的是客户的关注问题。

改变客户关注的逻辑和路径是关联引导和风险宣导。如己方终端门店相比竞争对手在客户服务方面有绝对优势，客户满意度较高。假设客户不关注这一方面，销售人员可以给客户讲述一些售后服务和产品质量问题给客户带来的困扰，如果有图文或视频是最好的。

己方想引起客户重点关注的地方，都是需要进行风险提示的地方，如环保性能、产品质量、颜色与风格搭配等等。

4. 类同影响战术

类同影响战术是指利用与当下正在跟进的意向客户有相似或共同处境的老客户影响，实现新老客户交互式影响，从而保证己方在竞争中的优势并取得战斗胜利的战术。

（1）战术背景

适用于当下正在与竞争对手共同争取客户，且以往有过类似战斗并取得胜利的情况。

（2）战术目的

通过有共同处境的新老客户交互式影响，以结果呈现的方式证明己方比竞争对手更有优势。

（3）战术操作要点

类同影响战术特别适合在己方与竞争对手势均力敌情况下陷入争夺客户的鏖战。由于彼此之间势均力敌，可运用的战术会受到一定的限制，也会更加容易导致客户陷入选择困难。

此时，如果我们能将曾经有类似经历的老客户请出来，请他来讲述一下当时心里的矛盾和最后选择的依据，就更容易引起意向客户的共鸣。如果这个老客户当时也考虑过竞争对手的产品或解决方案，将更能够发挥类同影响战术的功效；如果没有，也不影响类同影响战术的应用，只是功效稍微差一点儿而已。

5. 决策干扰战术

决策干扰战术是指通过建议客户增加购买决策参与者人数的方式，扭转与竞争对手在竞争过程中的不利局面，重新夺回主动权的战术。

（1）战术背景

适用于在与竞争对手展开竞争时，己方已经处在不利局面或竞争过程正在向对己方不利的方向发展的情况。

（2）战术目的

通过制造购买决策干扰，扭转对己方不利的竞争局面。

（3）战术操作要点

在客户已经明显表现出了选择竞争对手的倾向，并逐渐疏远己方销售人员，降低与己方人员沟通频率的情况下，我们要及时实施决策干扰战术。

决策干扰战术的实施前提是客户方有足够的参与购买决策的候选人。如果候选人仅有1人，直接实施即可。如果候选人有2人以上，应该优先选择和正在沟通的客户在各方面均存在较大差异的候选人，如年龄、生活观念、审美等等，总之差距越大越好。

如只是夫妻双方，就不存在选择，想办法让另外一方参与进来即可。如果除了夫妻双方，孩子还有可能参与进来，就涉及选择。如果孩子和父母存在较大差异，就想办法让孩子参与进来；如果是夫妻之间存在较大差异，则选择夫妻中原本没有参与决策的一方。

当然，购买决策的候选人不一定局限于家庭内部，有时亲戚、朋友和业内人士也可以成为客户的购买决策参与者，关键在于己方人员有无能力引导客户增加购买决策参与者。客户比较信任的装修师傅或设计师随便一句话，就改变了客户原本的购买决策的事情几乎每天都在发生。

九、小区推广战斗

小区推广战斗是指己方在小区推广渠道方面与当地竞争对手开展的各种方式的竞争。

适应小区推广战斗的战术主要包括围猎战术、地毯式突击、靶向战术、侦查—精准打击战术和内线—精准打击战术。

1. 围猎战术

围猎战术是指通过团队集体出动的方式，凭借比竞争对手快速的反应取得先发优势，以在本地市场竞争中保持优势并取得胜利的战术。

（1）战术背景

适用于当地小区集中交房的情况。

（2）战术目的

通过团队集体出动，取得先发优势，抢占资源高位。

（3）战术操作要点

围猎战术实施的黄金时间是目标小区集中交房的前三个工作日，其中尤以首个交房工作日最为紧要。当团队人数较少，而目标小区预计来验收房屋的业主又很多时，应提前向厂商申请人员支持或自行组织增加临时参战人员。

参与围猎的团队成员应在出战前，完成一次集中培训。组织应该传达给待出战团队成员的内容主要是新房验收的流程和注意事项。出战前，每人应分配一个卷尺、两支笔和一个笔记本。

围猎战术实施期间，终端门店管理人员应到现场指挥督战，实时关注交房现场业主的动态，及时对参战人员进行分配和调整。必要时，可召开战地会议总结成功经验并快速复制。

围猎战术实施的重点是收集潜在客户资源信息，以备后用。战斗指挥人员应及时提醒参战人员不要在某一个业主身上耗太多时间。

2. 地毯式突击（扫楼）

地毯式突击是指通过对目标小区进行地毯式搜索，及时发现或了解目标小区新开工装修的业主的动态的方式，实现超越竞争对手并取得竞争胜利目的的战术。

（1）战术背景

适用于目标小区交房不超过半年，且组织的销售人员配置充足的情况。

（2）战术目的

超越竞争对手，在竞争中取得胜利。

（3）战术操作要点

地毯式突击也就是业内常说的扫楼。其操作和实施都比较简单，重点在于对时间点的把控。交房超过半年的目标小区，实际上已经不适用地毯式突击战术了，应改用其他战术。

3. 靶向战术

靶向战术是通过邀请潜在客户到同小区的安装现场参观的方式，对潜在客户实施精准影响，促使客户快速建立或深化对组织的信任，确保组织在目标小区处于有利竞争地位的战术。

（1）战术背景

适用于同一目标小区，既有正在施工、安装或已经安装、施工完毕的客户，也有一位以上正在沟通洽谈的潜在客户的情况。

（2）战术目的

精准影响潜在客户，深化其对组织的信任。

（3）战术操作要点

如果是施工、安装现场，最好等产品安装或施工进度达到80%以上时，再邀请同小区客户参观。如已安装、施工完毕，需要提前征得案例现场业主的同意，再邀请客户参观。

如果同小区客户因为各种原因无法来到现场，可变更时间。同时可以将安装与施工的过程拍摄几段不同进度的视频，发送给客户。只要是同一小区的客户，同样也可以产生影响。我们可以将这种方式理解为靶向战术的简易操作方式。

4. 侦查—精准打击战术

侦查—精准打击战术是通过对目标小区先侦查锁定潜在客户，再进行精准拜访的方式提升小区战斗效率的战术。

（1）战术背景

适用于目标小区交房超过 6 个月，或目标小区已经过了集中装修的时段的情况。

（2）战术目的

通过精准拜访潜在客户，提升小区战斗效率。

（3）战术操作要点

侦查—精准打击战术的实施重点是己方销售人员要掌握基本的小区侦查能力。基本的小区侦查能力是建立在线索认知基础上的，这些线索主要包括阴雨天气下的灯光，装修施工工具或设备发出的噪声，单元门口的垃圾种类和整洁度，等等。线索相对比较简单，稍微有一些小区推广经验的业内人士都知道。

5. 内线—精准打击战术

内线—精准打击战术是通过在目标小区内发展内线以及时获取业主开工动态，再进行精准拜访和跟进的战术。

（1）战术背景

适用于目标小区可以发展内线且偶尔会有业主开工装修的情况。

（2）战术目的

快速获取目标小区业主的开工动态，以便及时对潜在客户进行拜访和跟进。

（3）战术操作要点

内线—精准打击战术的实施重点是与内线人员保持沟通和互动。可以发展为内线的人员主要有保洁、保安和物业经理。

针对现阶段终端门店常见的九大战斗，本节整理分享了 29 种战术，实际上一定不止这 29 种战术，应该还有更多。终端门店管理者可以在这 29 种战术的基础之上，在实践中不断总结打法，构建出属于自己的销售战役方法论体系。

同样的战术，面对不同客户时，可能取得完全不同的战斗结果，主要因为客户的变更带来了宏观和微观竞争环境的变化，这是终端管理者需要重点关注的方面，也是最能体现终端管理者临场发挥和随机应变能力之处。要在实践中检验战术，在实践中丰富战术，在实践中寻找不同竞争环境下战术调整的策略和方向，以保证己方在竞争中时刻处于优势地位，充分掌握战斗主动权。

第三节
有效的售后管理必须这么做

有了充分的战前准备作保障,通过灵活运用各种战术成功击溃了竞争对手,收获了客户的订单,按理说战役基本上算是结束了。后面的事情好像都是安装或技术人员要考虑的问题,我们仅做好配合即可。实际上大多数业内终端门店管理人员既是这么想的,也是这么做的。

但是作为一个训练有素、追求卓越的终端门店管理者,一定还要有更高的追求,这种追求就是将战役进行到底。事实上,对一个追求管理规范化和标准化的终端门店而言,收到客户订单并不意味着战役结束,甚至不能将其定义为战役胜利,只能说战役取得了一个阶段性的成果。毕竟,我们还要面对一个很严峻的现实,即战役收尾。

战役收尾对应的是售后服务管理,反映的是终端管理者的职业素养和全面管理能力。战役收尾管理得当,己方组织不但能收获老客户的好评,还可以避免很多不必要的风险。毕竟,所有业内人士都有这样的共识,售后服务环节的问题,解决起来有时比签下一个新客户困难很多。

战役收尾主要涉及交付时效管理、安装与施工现场管理、验收管理、例行回访管理和售后服务与支持管理。

一、交付时效管理

泛家居行业很多非标准化定制类产品的终端门店经常会在产品交付时间上出现延迟,导致客户的装修进度受到不同程度的影响,直接影响了客户满意度。旺季时,这多数是厂商的产能不足导致的,这个还可以理解。如果在淡季或厂商生产压力不大的情况下,也出现这种情况,多半是组织在交付时效管理方面做得还不到位。交付时效管理的重点是时间管理和进度管理。

1. 时间管理

时间管理是指对整个解决方案交付过程的时间节点进行精细化管理,避免出现主观上的交付延迟。关键时间节点包括客户下单时间、生产预留时间、物流时间和门店安装时间。

(1) 客户下单时间

是整个产品交付时间管理的起点,也是整个产品交付时间管理的核心。

很多时候，问题就是出在这个时间点上。在订单确认后，通常销售人员会与客户确定一个大致的下单时间，或与客户约定等其通知。

第一种方式需要销售人员制作交付时间跟进表来实时监控，否则，很有可能因为双方都比较忙碌，没有人关注这个时间点，导致想起来的时候为时已晚。

第二种方式更不靠谱，通常首次装修的客户本身就手忙脚乱，哪里还记得那么多，忘记也可以理解。但是即便是客户自己忘记，也还是会抱怨门店没能及时提醒。

最有把握的做法还是第一种，即门店要求销售人员每一个人制作一份自己所负责客户的交付时间跟进表，利用此表对客户的交付时间进行不间断地检查和关注。销售人员要与客户保持沟通，了解客户的装修进度和动态，对客户下单时间及时进行预判和评估。

（2）生产预留时间

旺季和淡季的生产预留时间完全不同，同样是在旺季，不同产品的预留时间也可能存在差别。终端管理者要想办法找到这种规律并加以利用。

（3）物流时间

物流时间的管理和控制主要是针对厂商与终端门店距离较远的情况，距离越远，物流时间对交付时效产生的影响也就越大。通过储备备选物流合作对象和建立应急物流保障机制一般可以有效控制风险。

（4）门店安装时间

主要是出于淡旺季的考虑，由于是组织内部问题，这个更容易管理和控制。

整个时间管理的重点是工具的运用和销售人员积极主动态度的保持。

2. 进度管理

（1）客户装修进度

销售人员要定期与客户沟通，了解装修进度和动态，进而对客户下单时间及时进行预判和评估。越粗心的客户沟通频率要越高。

（2）厂商生产进度

厂商的进度管理一定要随时跟进，否则很容易被插单，影响生产进度。

（3）延迟交付的处理

一旦出现无法按承诺进度向客户交付的情况，要提前主动告知客户，说明原因以争取客户谅解。如果己方销售人员不主动告知客户，客户还是会追问，到那时，反而更加被动。终端门店管理人员可以将这一点制度化，并强制执行。

二、安装与施工现场管理

安装与施工现场的有效管理，可以彰显己方的服务水平，为客户留下一个良好印象，有助于维持和提升客户满意度。安装与施工现场管理主要包括入场管理、现场管理和离场管理。

1. 入场管理

入场管理是指安装与施工所需的所有产品和物料运抵施工现场，正式安装与施工之前的准备过程管理。

（1）搬运安全

所有产品和物料在运入施工现场时，要格外小心，对于一个正在装修的新房来说，任何一次意外的磕碰和刮擦都可能给业主带来很大的麻烦和损失。

（2）数量确认

针对所有涉及产品安装与施工的有价产品和辅料，在计划安装施工阶段，门店应准备一份"产品与物料进场确认单"，交由具体的安装技术人员，用来与客户进行产品和物料的现场确认。

2. 现场管理

现场管理是指在施工与作业状态下对施工现场环境的管理和控制。现场管理的重点是防污染。

（1）空气污染

空气污染主要是油漆、涂料等挥发性物质在施工状态下对环境造成的污染。门店要安排技术人员做好防污染措施，尤其是老房二次装修的情况，避免施工现场周边邻居对此进行投诉。

（2）噪声污染

噪声污染主要是切、割、钻、敲等安装施工必不可少的一些手段带来的污染。在进行噪声作业时，门店应要求安装与技术人员关好门窗，将噪声污染控制在最低水平。

（3）粉尘污染

粉尘一方面污染施工现场周围的空气，另一方面也污染室内环境。有可能造成粉尘污染的安装作业，如木门、整木、全屋定制和地板等品类，安装时应该采用带有粉尘吸纳装置的设备和工具。

3. 离场管理

离场管理要做好的工作是对施工作业现场进行卫生清洁。安装过程产生的垃圾和边角料在征求客户同意后,应由安装与技术人员一并带离现场。

三、验收管理

验收管理环节是整个战后收尾工作进程的枢纽,是容易滋生各种矛盾和问题的环节,同时也是客户满意度的安全控制阀。对验收环节的管理控制应被列为终端门店管理者售后服务管理的重点。

验收管理应设置两道自检环节,包括安装与施工人员自检和销售人员自检。销售人员自检完毕并确认无误后,再与客户约定具体的验收时间,完成客户验收。

1. 安装与施工人员自检

第一道自检由安装与施工人员在安装实施完毕后自行完成,并在"验收管理跟踪卡"上逐项填入自检记录,签字确认后提交给门店。

2. 销售人员自检

第二道自检需客户所属的销售人员亲自完成。销售人员根据安装与施工人员提交的"验收管理跟踪卡"上填入的各项检验信息,逐项核对,确认无误后签字,并与客户约定具体的验收时间。

3. 客户验收

客户验收必须在己方人员在场的情况下,双方共同完成,决不能允许客户自行验收。销售人员自检与客户验收之间的时间间隔越短越好,避免时间跨度过大导致施工现场其他同业安装与施工人员对己方已经安装和施工完毕的产品造成无意的破坏。

客户验收完毕后,在场的配合客户验收的己方人员应要求客户在"产品交付验收确认单"上签字确认,这是客户确定已接收合格产品或解决方案的最有利证明,避免客户验收之后出现其他原因导致的产品或解决方案问题而被客户错怪。

第二道自检和第一道自检可以合并执行,即在同一时间由安装与施工人员以及销售人员共同完成。但是客户验收环节原则上不应与第一道和第二道自检合并执行，除非客户强烈要求。否则一旦发现可以改善和处理的细节问题，就没有充分的实施时间，特别是油漆类表面的产品，很容易在运输和安装过程中出现磕碰导致的掉漆现象。

四、例行回访管理

例行回访既可以作为一次客情关系的互动，也可以是己方实施的首次客户满意度调查，顺便也可以展现门店对客户的良好服务态度。例行回访主要可分为电话例行回访和入户例行回访。

1. 电话例行回访

（1）时间控制

电话例行回访的实施应该选择客户使用产品（入住）后的 1～3 个月为宜，尽可能选择非工作日时间进行。

（2）目标客户选择

电话例行回访对所有购买己方产品的客户应做到全覆盖，确保不遗漏任何一位客户。

（3）准备工作

终端门店管理人员可以设计简单的"电话回访记录表"作为工具，在执行电话回访工作时使用，主要记录项目是客户满意度反馈以及对门店产品与服务的意见和建议。

（4）实施人员

如无特殊情况，电话回访工作应由门店相关管理人员负责实施，如店长、副店长或店长助理等。

（5）电话例行回访流程

自我介绍→向客户致谢→询问产品使用和应用情况→了解客户满意度→询问客户对己方产品和服务的意见和建议→向客户传达产品使用、维护的方法和注意事项→请求客户方便的时候帮忙转介绍→再次致谢。

2. 入户例行回访

（1）时间控制

与电话例行回访相同。

（2）目标客户选择

入户例行回访应选择那些单值大、人脉资源广、善交际和预计能够给门店转介绍潜在客户的老客户。

(3) 准备工作

入户例行回访之前，需要先做一次电话回访预热，了解客户是否能够接受入户这一回访形式，征得客户同意后，需要与客户确定具体的入户回访时间。

约定好具体时间后，我们还应给老客户准备一份礼品。与产品使用、维护和保养有较高相关度的礼品最好，如没有，其他生活用品也可以。实在不行，买一点水果也好。

针对个别品类，如窗帘、柜子等，我们还可以准备一些在产品使用与维护过程中易耗或易丢的小配件给客户，如窗帘的挂钩、柜子的小拉手。通常这些小配件成本并不高，但是它们却能起到打动人心的作用。

除了礼品与小配件之外，我们还应该准备"入户例行回访回执表"（表5-1）和签字笔，作为实施例行回访工作的标准化工具。

表5-1 入户例行回访回执表

			入户例行回访回执表				
基本信息	客户姓名	客户归属	成交单值	下单日期	交付日期	联系方式	地址
入户回访四项	外表与表面检查						
	使用性能检查						
	使用环境检查						
	礼品与配件赠送						
通用项	使用情况问询						
	维护与保养宣导						
满意度四项	非常满意	100分	90分				
	基本满意			80分	70分	60分	
	不满意	50分	40分	30分			
	较差			20分	10分	0分	
总结与简记	客户对本次回访的看法 □有必要 □无所谓 □没必要	回访时间	执行人	客户确认	单号		
	回访简记						

(4) 实施人员

入户例行回访应由门店管理第一负责人实施。

(5) 入户例行回访流程

入户例行回访流程如下：自我介绍→赠予客户礼品→询问产品使用情况→全面检查产品或解决方案使用状态和性能并做好记录→告知客户检查结果→询问客户对己方产品和服务的意见和建议→了解客户的满意度→请客户在"入户例行回访回执表"上签字确认→告知客户产品使用、维护的方法和注意事项→请求客户方便的时候帮忙转介绍→道谢和告别。

表 5-1 是"入户例行回访回执表"的范例，仅供各位读者参考。在此基础上，对内容进行适当地删减和优化，即可得到一份"电话回访记录表"。

针对表 5-1 中的入户回访四项，终端门店管理者可以根据己方所售产品特点进行适当地优化。

五、售后服务与支持管理

售后服务与支持管理是指产品质量问题、客户产品使用不当导致的问题或客户对产品使用与维护出现的困惑所引发的客户投诉和求助。由于售后服务与支持管理具有突发性、专业性、矛盾性等特点，会让大多数终端门店管理者比较头疼，甚至心怀恐惧。多数情况下，比较麻烦的问题都需要终端门店经营者亲自参与或出面协调解决。

如果我们能够严格按照战后收尾要求执行，如验收环节的层层把控，例行回访时悉心地告知客户产品使用与维护方面的注意事项等，就可以避免很多不必要的售后服务与支持问题。如果在此基础上仍然出现了售后服务与支持问题，我们坦然面对即可，没必要为此担惊受怕。

或者说，凡是心怀恐惧的管理者，都是对自己处理类似问题没有足够自信。没有足够自信的原因是自己经验匮乏，不知从何着手，尤其是面对情绪激动的客户时，就完全乱了方寸。越是这样的管理者，越要勇敢面对类似问题，不断总结经验和教训。同时，也要抓住各种机会学习类似问题的处理方式和方法。

售后服务与支持管理主要可分为产品质量问题售后处理、客户人为问题售后处理和责任争议问题售后处理。

1. 产品质量问题售后处理

产品质量问题是产品质量不合格或产品质量的稳定性不符合相关标准，

导致产品出现了一些问题。这些问题影响了产品的正常使用或对客户的利益构成了损害从而出现了售后服务问题。

在处理产品质量问题时,门店应该本着为消费者负责的原则,具备有责任有担当的精神和态度,千万不能为了避免和减轻己方损失而企图蒙混过关。那样不但有可能将客情关系激化,甚至还会让己方蒙受商誉损失。

产品质量问题不可避免地会涉及厂商的协调处理,而消费者迫切的心情和厂商的售后代表到达时间不确定的现实通常又会是一个问题。这时己方人员应当通过视频和图片的方式及时将问题快速直观地反馈给厂商代表,争取缩短处理问题的时间。

有些品类的产品甚至还可以把出现质量问题的样件寄回厂商相关部门,争取让厂商快一点了解事实。甚至即便门店不寄,厂商方面也会索要,这些都是判断、处理产品质量问题必不可少的依据。

另外,在给厂商传递相关信息时,不要零零散散不成系统,最好将和产品质量问题相关的各方信息一次性完整地反馈给厂商,如产品批次、发货日期和下单日期、消费者使用环境和过程描述等。这样在一定程度上可以提高处理效率。如果担心遗漏,门店管理人员可以设计一份标准化的"产品质量售后问题信息反馈表",将有必要反馈给厂商的信息结构化。

在处理售后产品质量问题的过程中,己方参与人员一定要表现出比销售阶段还主动的态度。千万别因为担心客户对自己发火,就尽可能不与客户沟通。己方人员越是这样,客户就会越气愤。

相反,如果己方人员主动一点,哪怕只有一点点的进展,都及时把信息传递给客户,并时不时地安抚一下客户,让他感受到己方和当初销售产品时一样的态度,甚至比销售产品时更加主动积极,这样客户的心里会好受很多,也会非常有安全感,其情绪自然而然会慢慢回归到理性,回归到共同探讨协商如何解决问题上来。

2. 客户人为问题售后处理

客户人为问题售后处理是指客户使用维护产品不当或客户的居所内外环境出现了突发事件导致的产品质量问题或产品使用危机所引发的客户投诉和求助。

(1) 客户使用不当问题售后处理

客户使用不当问题的售后处理,通常需要面对的一个最大难点就是客户不讲道理。其实并非客户天生不讲道理,除一部分客户恶意耍赖之外,大部分客户不讲道理的原因是他们不专业。你跟一个非专业人士探讨专业问题，出现沟通矛盾和双方的互不理解不是很正常的现象吗？

如果我们在例行回访阶段告知和传达给客户的产品使用与维护内容中已经包含了客户当前使用不当导致的问题，那么就可以提醒客户："记得当时我们例行回访的时候，告知过您产品的使用与维护注意事项，现在产品出现的问题，我们当时告知过您。"

记忆力好一点的客户一般都会表现出一副恍然大悟的样子。实际上客户完全忘记的可能性不大，多少都会有点儿印象。只要己方人员例行回访时说过，讲道理的客户就会和你研究接下来怎么解决处理了。

所以说，每次提供人为使用不当问题售后服务都是一次门店管理人员检查产品使用与维护注意事项完整性的机会，发现不完整时，马上优化补充，这样可以为出现人为质量问题提前做好防范。

如果客户揣着明白装糊涂，无论当时是否告知过，都坚持认为是产品质量问题，而非使用不当导致的。这时候需要我们利用互联网、行业专业书籍和期刊中对同类质量问题的描述和定论的信息，向客户说明人为使用不当问题的原因。这样总比我们与客户一味争执和冷战更容易为其所接受。

如果本地市场发生过类似售后问题，也可以把当事人请出来，让其站在中立角度说句公道话，如此更容易为客户所接受。

通过收集以往人为使用不当问题售后案例的图片和向厂商申请两条路径，建立人为使用不当问题售后案例库，必要时也可以将其作为客户产品使用不当的佐证。

另外，还可以通过分析判断导致客户使用不当的具体行为或事件，告知客户问题产生的前因后果，最好能够在产品使用现场找到证据以佐证你的判断。

（2）客户突发求助处理

客户突发求助一般发生在客户居所内外环境发生了重大变化，使客户正在使用的产品受到影响而无法使用或使用效度严重降低时。这时客户由于没有经验，表现得都比较慌乱，非常渴望能够得到专业人士的支持和帮助。

有些终端门店觉得类似的事情和自己完全无关，接到电话后只是简单地告知一下，安慰一下就没有了下文。这无形中错失了一次让客户感动、提高客户满意度的机会。

正确的做法是接到客户求助后，己方人员应该第一时间到达客户产品使用现场，冷静分析产品使用环境的状态和事态发展趋势，借助经验和提前准备的应急处理方案共同帮助客户解决问题，争取把客户的损失降到最低。在人手不够的情况下，门店管理者还应该积极调派人手，与客户一起克服困难。

其实这种突发事件大部分是客户居所室内漫水或居所外部的水倒灌引起的。门店管理人员即便没有类似问题的处理经验，也可以找机会思考或学习一下遇到这样的突发事件应如何应对，做到心中有数。

本书前面讲门店销售工具和道具时，提到过锦旗。锦旗从哪来？一定是从客户那里来。可是客户凭什么给门店送锦旗呢？就是因为门店为其提供了超常规的服务或做出了让对方感动的事，才有可能让对方愿意给门店一个相对正式的表彰和感谢。

在探讨销售战术时，我们也曾谈到了如何利用老客户完成销售的内容。如果老客户没有较高的满意度，当然不愿意去做这些事情。

而类似客户突发求助这种超常规的服务，就是我们打动客户最好的机会。所有的终端门店管理者都应该建立起这样的概念和认知。

3. 责任争议问题售后处理

责任争议问题是指那些导致售后服务问题的责任归属很难判定、责任边界模糊，甚至己方和客户方都有可能存在责任的售后服务问题。这一类问题即便是厂商有经验的专业人员都很头疼，更别说一般的终端门店管理者了。

责任争议问题售后处理，主要有以下几种选择方向，分别是局部换新和修整、损失共担和卖方赔付。

（1）局部换新和修整

局部换新和修整主要是对严重影响使用效果的部分产品进行换新，对质量问题不严重的产品进行适当修整，使有轻微质量问题且对使用效果不构成影响的产品保持原状。

通常由厂商提供换新产品，终端门店负责施工，客户自行解决轻微产品问题。

（2）损失共担

损失共担就是将客户的损失先量化，再按照各自承担一定比例损失的方式化解问题。损失共担有时也可以包括厂商，而不完全局限于客户和己方门店。

（3）卖方赔付

卖方赔付是一种息事宁人的处理方式，针对纠缠不已的客户，卖方赔付也是一个不错的选择。针对这一类客户，门店如果不息事宁人，或许损失还会更大。仅仅是每天在上面耗费的时间和精力成本也没有哪个终端门店能够吃得消，更别说这一类客户还有可能给门店和品牌带来商誉损失。

整个战后收尾工作，对客户的满意度有着至关重要的影响。而客户满意度就是门店在当地市场的口碑。终端门店管理者不能只是关注战场上的角逐和对抗，同时也要关注战后收尾方面的体系建设和服务质量。

战后收尾工作管理得越好，门店在本地市场的群众基础也就越好，有了群众的支持，门店的稳定和发展自然也就有了强力的保障。

第六章
高效开展客户管理工作的秘诀

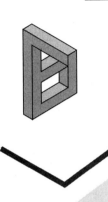

第一节 提高客户满意度的策略和方法
第二节 让老客户愿意帮忙带单的方法

第一节
提高客户满意度的策略和方法

在一次完整的购买和消费过程中,客户对整个消费过程和消费结果会有直观的感受,并形成自己的判断和评价。通常这种判断和评价可能会随着消费过程或产品使用的持续,出现一些变化,即在消费过程结束前,客户对产品卖方的评价是动态的,并非一成不变的。这种动态变化主要取决于在消费过程中,卖方提供的产品或服务是否满足了客户的预期。如刚好满足,则客户评价稳定;如低于客户预期,则客户对卖方的评价会趋向于消极;如超出客户预期,则客户对卖方的评价会趋向于积极。

这种客户的动态评价,我们通常称为客户满意度。当客户满意度处于较低水平时,客户会做出一些特殊反应,以维持其心理平衡。通常这些反应会给门店带来很多额外损失,如纠缠销售人员带来的工作效率降低,到处传播门店的负面消息导致组织的商誉受损。

当客户满意度处于稳定状态时,客户既不会做出伤害门店的行为,也不会做出有益于门店的行为。一旦客户满意度高过稳定状态,客户就会自愿做一些有益于门店的行为,以表达自己对门店的认可甚至谢意。客户这种自愿做出有益于门店的行为的内心驱动力强度,通常取决于客户满意度高出稳定状态的程度。

客户满意度越高,想要做出有益于门店的行为的动力也就越强。客户满意度越低,想要做出伤害门店的行为的驱动力也就越强。这是消费心理学范畴的一般原理,并且我们在工作实践中确实也能够感受到这种原理的普适性。

任何一个商业组织都希望将它的客户满意度维持在稳定或以上,因为这符合商业组织利益最大化的根本需求。

维持客户满意度的稳定状态,只要产品不出质量问题,我们没有犯什么大的错误,一般很容易就可以实现。但若想让客户满意度超出稳定状态,就需要我们掌握一些基本的策略和方法。

泛家居行业终端门店提高客户满意度的策略主要有001策略、主动策略、超范围策略。

一、001策略

001策略是指基于本地市场行业现状,尤其是主要竞争对手表现出的综合竞争力水平，制定出一套稍微领先于主要竞争对手或行业平均水平的计划并付诸实施，以提高客户满意度的策略。

001策略的宗旨是以组织外部环境为基础，提高组织有微弱领先优势的综合竞争力。这要求门店不仅要做到人有我有，还要做到人有我"优"。至于"优"到什么程度，并不重要，哪怕只是超出0.01也好。这也是"001策略"名称的由来。

客户绝不会去测算己方产品综合竞争力比竞争对手高出多少，因为这既是个技术性很强的问题，也是一个对客户而言毫无意义的问题。客户只要知道哪个门店相对好一点就够了。因为他们只会在他们认为相对好一点儿的门店里选购他们所需要的产品。

001策略的实施方法主要包括服务法、专业法和体验法。

1. 服务法

服务法是指通过制定一系列服务稍微领先于主要竞争对手和行业平均水平的计划并付诸实施，来贯彻001策略。

（1）实施准备

对当地泛家居行业市场进行全面调研，了解行业在终端服务方面的平均水平，重点关注主要竞争对手或友商，尤其是当地市场占有率排名前5的竞争对手和友商，对他们提供给客户的服务过程和细节进行全面描述，并按类别或节点对这些内容进行归类，得出具体的结论。

按照行业和主要竞争对手的服务能力和水平的总结成果，对自己管理门店当前的服务能力和水平进行一次全面对比复盘，并得出与市场调研完全一致的分析结论。

（2）实施过程

第一步，将市场调研分析结论与门店的总结结论两相对照，评估门店相比行业或主要竞争对手在服务能力和水平上的差距，一般的结果为落后、相对持平和领先。

第二步，根据对比评估结果，拟订服务改善和优化计划。如对比结果为门店领先，则计划制定方向应该是拓宽领先的范围和强化已经存在的优势；如对比结果为相对持平，则计划制定方向主要是如何构建微弱领先优势，即率先在哪些方面的服务上领先于行业或主要竞争对手；如对比结果为落后，则需要制定第二阶段计划，第一阶段谋求追赶，第二阶段再追求微弱领先。

第三步，将计划落地，并根据实践反馈不断改进和调整计划。

第四步，定期进行市场回顾调研，根据阶段调研结论，对照门店提升和改进计划的实施成果，不断改进计划，直到成功实现门店在服务方面具备微弱领先优势的目标。

（3）操作要点

市场调研的信息收集可以指派专业人员进行走访，可以通过行业内的人脉资源获取行业和主要竞争对手的服务流程和信息，可以通过与意向客户沟通了解相关信息，还可以多种方式结合。

拟订计划过程中，要充分考虑计划的可行性。如某些方面受制于成本和门店现有资源而无法立即实施，可以选择暂缓。而在门店现有资源能够承载的方面，则可以把要求定得更高一点。

如当行业或主要竞争对手只能给客户提供白开水的时候，己方能给客户提供 5 种口味的饮品，那么己方在客户接待服务方面可以算是领先；当行业或主要竞争对手也追赶上来，可以提供 5 种，甚至 8 种口味的饮品供客户选择时，己方的领先优势就不存在了。那么改进计划应该是冬天提供热饮，夏天提供冷饮，这时，己方又将处于领先地位。

2. 专业法

专业法是指通过制定一系列门店团队专业能力的提升计划并付诸实施，来贯彻 001 策略。

（1）实施准备

与服务法基本相同，需要额外说明的是，专业不像服务在概念层面那么容易被人理解。业内终端门店的专业性可以表现为门店管理专业，门店销售团队职业素养和形象专业，门店从业人员的专业知识和行业知识专业，门店的流程管理专业，门店的安装与施工人员的技术专业。

（2）实施过程

第一步，参考服务法，得出对比结论。

第二步，分析对比结论中有哪些内容要素是客观因素决定的、短期内无法或很难改善的，将其暂时剔除；针对所有具备可行性的内容要素拟订提升计划，并按实施的难易程度做出优先级排序。

第三步，根据计划的优先级排序，有序逐步推进计划落地。

第四步，同服务法第四步。

（3）操作要点

专业法的实施通常对组织的资源保障能力要求较高，因此难度也较大。

在实施专业法的过程中切忌贪功冒进，应遵循先易后难、循序渐进的原则。

专业法实施过程中应想办法寻求厂商的支持和配合。有一些特定资源，如厂商提供的专业知识培训课程或培训资料，对我们提升团队的产品和行业专业知识，能够发挥不可替代的作用。

专业法实施过程中可能还要与外部合作伙伴展开频繁和密切的沟通。如我们想提高产品安装与施工人员的技术专业水准，假设现有的产品安装与售后是外包模式，就需要与外包负责人展开充分沟通，保证对方可以全力配合。

3. 体验法

体验法是指通过制定一系列提高客户体验的计划并付诸实施，来贯彻 001 策略。

（1）实施准备

参考服务法。

（2）实施步骤

参考专业法。

（3）操作要点

体验法是建立在客户对门店的环境、氛围和消费交互过程有直观的感受基础上，通过环境和氛围的塑造来提高客户满意度的方式。其操作难度和技术性要求仅次于专业法。

体验法的很多改善计划通常会存在一定的时间局限性，如我们发现门店装修格局不合理、灯光效果有待提升、样品展示方案存在不足等等，即便我们制定出改进计划，也未必能够立即实施。

001 策略的总体实施与部署，会受到很多客观因素的限制，如组织内外部资源支持、成本预算、时间周期等。因此并非一开始就三个方法同时准备与实施，通常这种做法成效都不很高。合理的做法是，根据组织的资源配置情况和客观因素，三个方法交替依次推进。

建议可以先从服务法开始，当服务法已经日渐成熟并积累了足够的经验后，再开始实施其他方法。如果市场调研结论显示，在上述三个方法中，有两个方法与主要竞争对手或行业持平，一个方法稍微领先于行业或主要竞争对手，就可以认为 001 策略的总体部署有结果且成功。

二、主动策略

主动策略是指通过流程和制度建设来督促、要求团队能够就客户可能关注的事件动态进行主动反馈，保证客户无需询问甚至是追问，即可随时了解自己所关注产品与消费相关的信息或动态，从而实现客户满意度的稳定和提高。

主动策略的部署和实施方法主要包括信息主动反馈法和售后主动跟进法。

1. 信息主动反馈法

信息主动反馈法是指通过主动全面地向客户及时反馈各种与其紧密相关的信息，来部署和实施主动策略。

（1）实施准备

在实施前，需要根据行业特点，结合门店的产品购买和交付流程，对所有可能存在且客户会关注的信息和动态进行描述。

（2）实施步骤

第一步，根据准备结果，建立信息主动反馈制度和机制，明确赏罚，做出要求。

第二步，就制度和机制草案征求团队意见，修改优化（如有必要）后试运行。

第三步，根据试运行过程中反映出的问题，适当调整优化（如有必要）后正式颁布实施。

第四步，通过客户满意度调查，了解主动反馈法的实际成效并不断升级优化。

（3）操作要点

信息主动反馈法在实操过程中主要把握四个基本点：

① 客户可能关注的信息或动态描述是否完整全面，如发现有疏漏应及时补充完善；

② 制度或机制的设计是否合理，如不合理应及时优化升级，所谓的不合理是指对方法的执行不能产生有力的保障；

③ 督促、检查和考核是否有力，如没有必要的检查和考核，信息主动反馈法将很难持续；

④ 是否获得一定数量客户的赞赏和认可，如有，则说明方法应用有效，如无，则管理者需要对整个方法展开全面回顾，找出问题或矛盾点。

2. 售后主动跟进法

售后主动跟进法是指通过打破"售后 = 被动 = 低效服务"这一行业惯有的工作理念，化被动为主动，贯彻和实施主动策略。

（1）实施准备

针对门店可能出现的售后服务问题，以及由这些问题衍生的客户关切，进行分类描述和定义。

（2）实施步骤

第一步，围绕售后服务可能出现的问题和客户关切，确定适用于主动跟进的问题和关切范围。

第二步，根据主动跟进适用范围，建立主动跟进相关的参考制度和执行标准。

第三步，就制度和执行标准征求团队意见，修改后（如有必要）试运行。

第三步，针对试运行出现的问题，将参考标准和制度优化后（如有必要）颁布实施。

第四步，每出现一次售后问题，就复盘一次主动跟进的参考标准和相关制度，增加必要内容，修改不合理之处，如此循环往复。

（3）操作要点

主动跟进表明的是卖方积极为客户解决问题的态度，而逃避、拖延或被动接受客户的要求和质询则是消极和低效的表现。通常售后服务问题是最容易直接影响客户满意度的因素。行业市场调研分析结果显示，大多数情况下，客户满意度的降低并非源于售后问题本身，而主要在于卖方在处理售后问题过程中所表现出的态度。

由于不同的售后问题原因多种多样，无形中增加了参考标准和制度制定的难度。事实上，没有哪一个门店可以做到一次性制定出完善且有效的参考标准和制度。因此，售后主动跟进法的难点在于其复杂性，重点在于其需要根据不同的售后问题不断完善和优化，参考标准和制度一直处于动态演进和优化的过程中。

由此可知，售后主动跟进法是一个漫长的积累渐进过程，需要终端管理人员和团队有足够的耐心，否则很有可能会流于形式。

三、超范围策略

超范围策略是指通过提供超范围的服务、帮助或赠予，来实现客户满意度的稳定和提高。超范围策略的实施和部署方法主要包括超范围服务法、超范围帮助法和超范围赠予法。

1. 超范围服务法

超范围服务法是指门店在法定、行业惯例、门店自定和客观应当为客户提供的义务服务范围之外，通过免费为客户提供力所能及的服务来实现对超范围策略的贯彻和实施。

超范围服务法主要包括非产品质量问题或超出产品保修时间范围的售后问题处理和提供非门店服务范围的服务。

（1）实施准备

充分描述门店可以为客户提供的服务范围，包括有义务为客户提供的服务和没有义务但可以为客户提供的服务；明确非质量问题售后和超出产品保修时间范围的售后问题范围。

（2）实施步骤

第一步，基于门店一般服务和售后问题相关服务的范围，建立具体的服务范围界定标准、售后问题处理的指导原则和参考标准。

第二步，就指导原则和参考标准，召开专题方案研讨会，广泛收集团队，尤其是超范围服务可能涉及岗位人员的意见和建议，对指导原则和参考标准进行修改和完善。

第三步，试运行超范围服务方案，根据实践反馈优化后（如有必要）颁布实施。

第四步，定期展开回顾，不断优化和调整超范围服务方案。

（3）操作要点

超范围服务的实施重点在于门店提供超范围服务，应以成本可控和不影响门店正常服务效率为前提。由于超范围服务需求存在随机性和突发性特点，在制定指导原则的同时还应配合一定范围的授权。

如木地板门店的客户家里发生了漫水事件，一般发生得很突然，导致客户不知应如何应对，这时门店人员如果及时知晓了事件并积极帮助，指导客户进行应急处理，将客户损失降到最低，就是一次超范围服务，而被服务的客户也一定会心怀感激。

再如全屋定制门店知晓客户家里有一个柜子是从老房子搬过来的，且当时已经处于拆散状态，出于各种原因，客户无法自行组装复原该柜子，这时如果门店安排技术人员在上门安装本店产品的同时，为客户一并把柜子组装复原，就是一次超范围服务，被服务的客户自然也会发自内心地感谢。

超范围服务法能否成功实施，关键在于门店团队是否自上而下地心存超范围服务理念，门店是否已经建立了完善的超范围服务行动指南和操作原则。

2. 超范围帮助法

超范围帮助法是指通过为客户提供超出行业范围的支持与协助，来实现对超范围策略的贯彻和实施。

（1）实施准备

全面了解每位门店团队成员所掌握的工作技能以外的技能，并建立相关档案。

（2）实施步骤

第一步，将团队成员个人工作技能以外的技能在团队内部发布，确保每一位团队成员做到知己知彼。

第二步，根据技能的难度和预计所能创造的价值，制定相关激励方案，鼓励团队成员在门店有需求时积极参与实施超范围帮助。

第三步，如果客户有被帮助的需求，且团队内部有合适的成员可以为客户提供超范围帮助，则调用内部资源，为客户提供超范围帮助和支持。

第四步，评估超范围帮助的价值成果，参考激励标准兑现奖励。

（3）操作要点

如果销售人员进行超范围帮助的对象是自己享受业绩提成的客户，视其价值大小，超范围激励应酌情减少直至取消，门店管理人员在制定超范围帮助激励机制的时候应牢记这一点。

对超范围帮助实施者的激励不能局限于激励机制范围内的既定标准。如被超范围帮助的客户为了表达谢意，转介绍了很多客户给门店并成功转化，还应适当追加一部分激励给超范围服务的具体实施者。

如客户不会养花草，门店有擅长这一方面的人员给客户提供了指导和帮助，这就是超范围帮助；如客户买的是瓷砖，询问了解关于如何选购卫浴的问题，瓷砖专卖店的销售人员给予了一定的专业指导和建议，这就不是超范围帮助，因为这种帮助还没超出行业范畴。

3. 超范围赠予法

超范围赠予法是指通过赠予客户期望之外的礼品或物品，实现对超范围策略的贯彻和实施。

（1）实施准备

超期望赠予的实施前提是门店需要有一定数量的礼品和随时可以作为超范围赠予实施工具的物资储备。

（2）实施步骤

第一步，明确不同类型的客户可以被赠予的礼品或物品的价值范围。

第二步，充分授权给团队每一位有可能作为超范围赠予发起人的员工。

第三步，判定客户是否具备被赠予条件，实施超范围赠予。

第四步，建立超范围赠予支出台账，阶段性汇总数据，并分析超范围赠予的实施成果。

第五步，定期总结分享超范围赠予的实践经验，不断完善超范围赠予的相关内容和方案。

（3）操作要点

超期望赠予的相关礼品和物品要尽可能将单位成本控制在合理的范围内；要选择那些具备广泛应用性和刚需的礼品和物品（厂商统一提供配发的除外），如去甲醛的活性炭、小型盆栽、专属产品的清洁与保养配套产品（真皮沙发保养油、木质类产品保养油、铝合金门窗的玻璃清洁工具），甚至是儿童玩具。

超范围赠予的核心在于出其不意，即在客户预料之外，对客户进行馈赠。

譬如说你管理的门店准备了作为道具或展示工具的儿童玩具，携带儿童的顾客来到门店时，这些玩具确实作为工具起到了安抚儿童情绪的作用。但是临走时，小孩哭闹着想带走其中一个玩具，然而顾客放不下面子，虽然你允许了，但他还是委婉拒绝，并拉着哭哭啼啼的小孩子离开了。

假设这个客户确实成为你的消费客户，你可以找一个时间以回访的名义来到顾客家里，将小孩子当时想要的玩具或同款的新玩具送给小孩子或顾客，这就是超范围赠予。

再比如你的门店放了很多小型的花花草草，作为调节门店氛围、赋予门店生机的工具。一位顾客非常喜欢这些花草或是比较中意其中的一盆或几盆，如果你当场送给顾客两盆，这就是超范围赠予，尤其是在顾客购买你的产品之前。

如果这个顾客也成了你的客户，因为各种原因当时你没送或是你送了她没收，你可以找一个时间同样以回访的名义来到客户家里，亲自送上几盆花草，这就是超范围赠予。

超范围赠予的礼品或物品有时候是很灵活的，并非一定是门店已有或准备好的。有时，准备好的礼品或物品并非客户所需。不问客户所需直接送是一种效果，送客户所需是另一种效果，送客户所喜、所爱又是一种效果。

同样一种方法，不同的实施方向又会带来完全不同的成效。当我们知道客户所需或所爱，这种所需所爱又是在我们承受范围之内时，就完全可以临时采购，再赠予客户。

综合本节内容，我们可以发现，假设我们的服务过程和产品质量无可挑剔，实际上超范围策略是最容易把客户满意度推向新高度的策略，也是实施成本比较低的策略。

主动策略相当于防守型策略，即主动性策略即便做得很成功，也不见得就一定能够获得很高的客户满意度。但是一旦主动策略没有实施或实施成效不理想，客户满意度会很容易从稳定状态迅速滑向消极状态，这绝不是任何一个追求卓越的终端门店管理人员想要看到的结果。

001策略具备一定的实施难度，对终端门店管理人员的管理素养有一定要求，同时需要充分调动组织内外部资源，可以选择先易后难和逐步推进的策略，邀请终端经营者一起参与001策略的实施和落地也是一个非常不错的选择。

第二节
让老客户愿意帮忙带单的方法

完善的老客户管理与维护体系不但有助于维持客户满意度的稳定，推动客户满意度的持续提高，还可以强化客户对品牌的印象和认知，增进组织与老客户之间的感情，提高其二次装修的重复购买概率，当然最核心也是最有价值之处在于，一旦管理维护得当，老客户会为我们带来源源不断的订单。

业内资深终端销售管理人士应该都明白一个道理，老客户转介绍的订单成交率很高，而且效率也很高，很多时候无需太多的沟通内容和太高的沟通频率，即可以签单，其根本原因是老客户转介绍的新客户在开始接触门店之前，就已经对门店产生了信任。因此，对老客户的管理和维护，实质上等同于在做另外一种形式的销售和推广。

老客户管理和维护工作开展的基础是搭建老客户数据库。老客户数据库实际上就是建立在对老客户精准分类基础上的电子版的客户档案，只是对档案管理的要求更加具体和细化。

一、老客户数据库的搭建

1. 搭建老客户数据库

老客户数据库是指对所有购买过门店产品的客户，按照既定的标准格式进行统一登记建档所形成的电子版数据文件（表6-1）。

表6-1 门店老客户数据库

××门店老客户数据库											
姓名	联系方式	职业	小区	所在片区	行政区	交付日期	产品型号	产品类别	单值	满意度	贡献值

通过表6-1可以看出，老客户数据库基本覆盖了与老客户相关的所有基础信息，这些信息既不难理解也不难获取。其中有两项信息比较特别，我们需要重点说明一下。

表6-1中的满意度是指最近一次客户满意度调查得出的结果或历次满意度调查结果的平均值，贡献值是指客户为组织转介绍客户所创造的单值总额（已收款）。

2. 创建老客户分类数据库

在老客户数据库的基础上，我们还应该按一定的分类标志创建老客户分类数据库。如可以按老客户的职业、所在小区、行政区、产品类别等分类标志创建分类数据库。

具体创建多少分类数据库取决于门店老客户数据库的规模总量和老客户管理与维护的需求等多重因素，具体应根据实际情况按需创建（图6-1）。

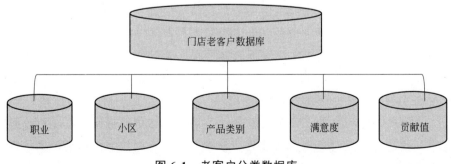

图6-1 老客户分类数据库

从图 6-1 可以看出，该门店在老客户数据库的基础上共创建了 5 个分类数据库，分类标志分别是职业、小区、产品类别、满意度和贡献值。

这些分类数据库有助于我们后期高效开展和实施老客户的管理与维护工作。如教师节即将到来，我们想给从事教师职业的老客户发一条问候短信，这时，如果我们没有创建分类数据库，就会比较麻烦。如果有了按职业分类的老客户数据库，我们直接调用即可，可以节省很多不必要的时间。

二、老客户数据库的运行与动态调整机制

随着门店经营和老客户与门店交互的持续，老客户群体及其状态会一直处在变化中，这就需要围绕老客户群体的动态特点，建立起能够适应这种特点的运行与调整机制，来实现对老客户群体的有效管理。

1. 老客户群体的划分

我们可以将门店的整个老客户群体划分为常规老客户、一般老客户和重点老客户三个群体。对不同群体的老客户，应使用不同的管理手段和方式。

（1）群体占比

常规老客户群体以占老客户群体总量的 70% 为宜，一般老客户群体占比 20% 为宜，重点老客户群体占比 10% 为宜（图 6-2）。

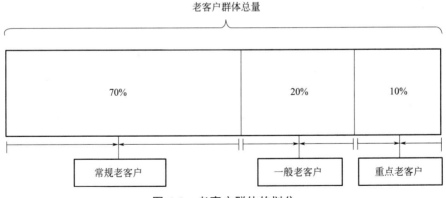

图 6-2　老客户群体的划分

（2）划分依据

老客户群体的划分应综合参考贡献值、满意度和成交单值这三个数据指标。其中贡献值为第一参考指标，满意度为第二参考指标，成交单值为辅助参考指标。

2. 重点老客户群体的分级

针对重点老客户群体，也就是对门店有重要商业价值的老客户群体，我们还应对其进行分级，以便后续对这一群体进行精细化的管理和维护。重点老客户群体的级别划分可以视老客户群体规模而定，一般可选择两级或三级制。

（1）两级制划分原则

针对重点老客户群体，假设我们按照两级制的方式对其进行分级，即分为Ⅰ级重点老客户和Ⅱ级重点老客户两个级别，Ⅰ级重点老客户应占重点老客户群体20%的比重，余下自动划分为Ⅱ级重点老客户（图6-3）。

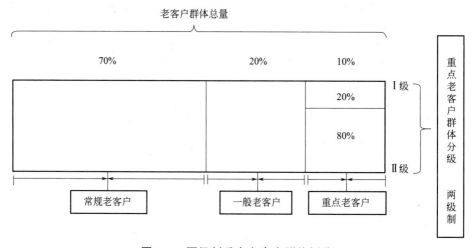

图 6-3　两级制重点老客户群体划分

两级制下的Ⅰ级重点老客户分级依据是老客户的贡献值，即所有Ⅰ级重点老客户的贡献值都应该绝对大于Ⅱ级重点老客户。

（2）三级制划分原则

针对重点老客户群体，假设我们按照三级制的方式对其进行分级，即分为Ⅰ级重点老客户、Ⅱ级重点老客户和Ⅲ级重点老客户三个级别。Ⅰ级重点老客户应占重点老客户群体15%的比重；Ⅱ级重点老客户应占重点老客户群体35%的比重；余下自动划分为Ⅲ级重点老客户（图6-4）。

三级制下的Ⅰ级重点老客户分级依据是老客户的贡献值，即所有Ⅰ级重点老客户的贡献值都应该绝对大于Ⅱ、Ⅲ级重点老客户；Ⅱ级重点老客户分级依据是老客户的贡献值和满意度，但原则上应以贡献值为主要衡量因素。

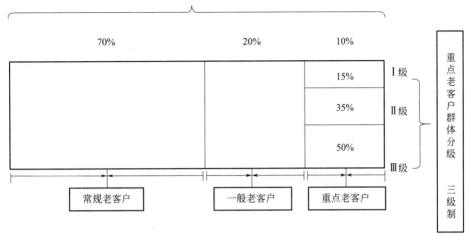

图 6-4 三级制重点老客户群体划分

3. 老客户群体的动态调整

处在不同分区或不同分级序列里的老客户在一定时间周期内,其关联信息和数据指标可能会出现变化,这就需要我们依据分区、分级原则与机制定期对老客户群体进行动态调整和分配,以保证老客户管理和维护工作的效率。

(1) 调整周期

老客户群体的动态调整周期一般最长不应超过一个月,遇有春节放假等特殊情况可以延长到两个月。

(2) 比例控制

规模较大或累计经营年限超过 10 年的门店,可酌情对老客户群体划分比例进行适当调整,调整方向是压缩重点老客户群体的比例,扩大常规或一般老客户群体的比例。

(3) 调整过程控制

整个老客户群体的动态调整应遵循先划分群体,再划分级别的原则。在老客户群体规模总量不变的前提下,应保证任何群体或级别序列有进必有出(等比例)。

如某门店一般老客户群体中 6 月份有两位老客户升级至重点老客户群体,在 6 月份该门店没有新增老客户的情况下,重点老客户群体中应有两位数据指标排名末位的老客户被淘汰。

被淘汰的老客户如果按原则流向一般老客户群体,则客户动态调整完毕;如流向常规老客户群体,则常规老客户群体中应有两位数据指标排名靠前的老客户升级至一般老客户群体，方可认为本轮老客户动态调整完毕。

假设 6 月份有新增老客户，老客户动态调整导致的老客户在级别序列和群体之间的流动，应以群体和级别序列的既定比例为准，不一定必然遵循有进必有出的原则，甚至是等比例的有进必有出。

三、老客户的激励机制

若想让老客户愿意帮忙带单，即转介绍客户给门店，只要维持其满意度超过稳定状态即可。但若想让老客户持续帮门店带单，仅有超过稳定状态的客户满意度是万万不够的，我们还应该针对老客户设置一定的激励和回馈机制，使其有足够的动力和意愿重复带单。

由于老客户给门店带单，势必会占用其一定的私人时间，激励与回馈在一定程度上也可以起到补偿的作用。否则，没有人会情愿在没有回报的前提下，持续付出。

泛家居行业的老客户激励主要可分为物质激励和精神激励两条主线，任何业内终端门店都应双线并用，交互式共同推进。任何单线操作都是低效且不彻底的，这一点终端门店管理人员要切记。

1. 物质激励

物质激励主要是通过礼品赠送、现金发放和请客联谊等方式对老客户实施激励。

（1）激励预算来源

在重点老客户群体两级制划分条件下，Ⅰ级序列内的重点老客户按其贡献值计提 2%，Ⅱ级序列内的重点老客户按其贡献值计提 1%；其他客户群体按其贡献值计提 0.5%。

在重点老客户群体三级制划分条件下，Ⅰ级序列内的重点老客户按其贡献值计提 2.5%，Ⅱ级序列内的重点老客户按其贡献值计提 1.5%，Ⅲ级序列内的重点老客户按其贡献值计提 0.8%；其他客户群体按其贡献值计提 0.5%。

（2）激励形式

在重点老客户群体规模小且激励预算额度低的情况下，选择一对一的礼品赠送、红包发放等激励形式即可。

在重点老客户群体规模大且激励预算额度高的情况下，可选择多种形式的激励，如举办老客户联谊会（吃饭、唱歌或户外野餐）、赠送礼品和发放节假日红包等。

2. 精神激励

精神激励是指通过关心、慰问、给予贵宾待遇等方式来实施对老客户的激励。

(1) 关心慰问的实施

① 实施形式：针对Ⅰ级序列内的重点老客户，门店每年应至少安排2次电话回访和5次短信问候，针对Ⅱ级序列内的重点老客户，门店每年应至少安排1次电话回访和3次短信问候，针对Ⅲ级序列内的重点老客户，门店每年应至少安排3次短信问候；针对一般老客户群体，门店每年应至少安排2次短信问候。

② 实施时间：2次电话回访的时间，建议选择每年的3月份和8月份；1次电话回访的时间，建议选择每年8月份；5次短信问候应覆盖传统节日，如春节、端午节、中秋节、重阳节和元旦。具有行业专属性质的节日如教师节，可以将重阳节替换掉。

(2) 给予贵宾待遇的实施

形式主要有组织年会邀请和重大促销活动邀请，这些邀请必须以邀请贵宾的名义，且必须要有邀请函。给予贵宾待遇的实施主要面向的是Ⅰ级序列内贡献值排名前10的重点老客户。

针对那些不愿意抛头露面的重点老客户，还可以选择每年送一次产品维护与保养的方式，来突出对方的尊贵以实现对其产生激励的目的。

老客户既可以成为一堆历史交易数据，也可以成为一个有价值的宝藏，关键在于终端门店经营与管理者以什么样的视角来审视这一群体，以什么样的方式来挖掘和开采这个宝藏。

现阶段行业内对老客户有目的、有策略、有方法地高效管理与维护还处在初期发展阶段。针对老客户的高效管理与维护，业内终端多半还停留在经营者的经验主义维持阶段。

经验主义带来的弊端是，其一，经营者未必有那么多时间投入；其二，经营者投入的方式和方法未必科学有效。而终端管理者如果能够将这一部分资源的开采和利用充分地制度化和规范化，会让组织获益良多：第一，可以让更多人参与对这一块宝藏的挖掘，其产出一定大于经营者个人，甚至是倍增；第二，建立在制度规范和机制科学前提下的老客户管理与维护，其成效一定远远高于个人经验主义管理；第三，对于终端管理者而言，这既是一次提升自我、完善自我的机会，也是一次推进组织发展、完善组织的机会。

第七章
厂商与渠道关系应该这么搞

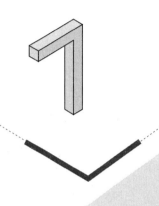

第一节　怎样把普通的厂商关系升华到鱼水关系
第二节　搞好渠道关系应掌握的法则

第一节
怎样把普通的厂商关系升华到鱼水关系

作为一个以营利为目的的商业组织，终端门店的管理不仅仅包括组织内部的管理，通常还需要涉及组织外部的一些资源和关系管理。

在组织外部资源和关系管理的过程中，虽然终端经营者也会参与其中，发挥一定的作用，但是在授权充分或经营者有心无力的情况下，这个重任自然会落到终端门店管理者身上。或者说，在授权充分的终端门店，这也是一名训练有素、有责任、有担当的终端管理者的分内之事。

终端门店的外部资源和关系管理主要分为两个方面，包括厂商的关系管理和渠道的关系管理。其中，尤以厂商的关系管理最为重要。

厂商的资源和关系管理之所以非常重要，是因为对于组织而言，厂商在很多方面都具有主动权、控制权和资源调配权。终端门店与厂商之间是合作关系，同时，也是一种力量对比悬殊、话语权存在较大差别的不对等关系。

这一点，很多时候初级的终端门店管理者未必会领会到，但是从终端经营者对厂商人员，尤其是区域经理、大区经理/总监这些人的态度上，就会略知一二。终端经营者是最能深刻理解门店与厂商关系本质的人，因此他们总是表现出毕恭毕敬的样子，千万别以为这是终端经营者懦弱的表现，实际上这是一种希望把厂商关系升华到鱼水关系的态度，是一种有效开展外部关系和资源管理的技能。

那么厂商关系到底要怎么搞，才能不断深化和升华？终端管理者到底要怎么做，才能独立或辅助终端经营者把厂商关系管理和维护好呢？下文将就以上问题，做一些展开性的分析和梳理，供大家在终端门店管理实践中参考。

厂商关系管理具体可分为终端直管人员的关系管理、终端辅助或参与性管理人员的关系管理、订单人员的关系管理、市场及培训人员的关系管理、生产人员的关系管理、仓储物流人员的关系管理、售后服务人员的关系管理。

一、终端直管人员的关系管理

终端直管人员的关系管理是指通过发展和维护与厂商指定的终端门店直

接管理人员的关系，实现融洽厂商与终端门店的管理和被管理关系的目的，并不断提高与厂商之间的合作紧密度，获得更多的厂商资源支持的管理。

1. 终端直管人员的范围

终端直管人员的范围主要包括片区/区域经理和大区经理/总监，其中，片区/区域经理是核心。

2. 终端直管人员关系管理的目的

融洽与厂商之间管理和被管理的关系，维持与厂商关系的稳定和发展，获取厂商足够的关注和资源支持。

3. 终端直管人员关系管理的原则

终端直管人员关系管理的原则主要包括避免越级汇报、忌服而不从、绝不顶撞和产生正面冲突、充分尊重。

（1）避免越级汇报

所谓的越级汇报是指，当组织需要与厂商直接管理人员沟通反馈与合作有关的问题时，在最近一级直管人员不知情的情况下直接越级沟通反馈的现象。如略过直管区域经理直接找大区总监，甚至略过大区总监直接找营销总监或厂商经营者。

除非存在直管区域经理没有足够能力服务终端门店等特殊情况，越级汇报在任何情况下都是一种不明智的行为。组织外部关系和资源管理的重点是厂商关系和资源的管理，而厂商关系和资源管理的重点又是终端门店直管人员的关系和资源管理。

厂商直管人员的关系管理不仅决定了门店与厂商之间管理和被管理的关系，同时也决定了终端门店和厂商之间其他方面的关系，门店直管人员就是厂商关系和资源管理的定海神针。

试想，如果你不把直管人员放在眼里，直管人员会处处替你着想吗？如果连与直管人员的关系都没处理好，再去发展其他方面的关系，就会难如登天。如果直管人员回到总部私下里说了一句"某门店某某某如何如何"的话，那么即便你再怎么做，在厂商关系的基本面上都会处在一个相当被动的境地。

越级汇报是整个行业终端现阶段普遍存在的现象，甚至是顽疾。有必要在此提醒一下各位终端门店管理者，千万别再犯过去前辈们的错误，否则，你的厂商关系管理之路将举步维艰。

（2）忌服而不从

服而不从是指终端门店直管人员直接安排的任务，己方在已经接受的情况下没有完成。很多时候，直管人员也承担着来自厂商总部的销售管理任务，你答应的事情，没办到，已经不再是个人诚信问题这么简单，同时，没做到可能导致门店直管人员的预期任务也没完成，想象一下直管人员会面临什么样的后果。

（3）绝不顶撞和产生正面冲突

无论你的终端门店在厂商那里具备怎样的商业地位和话语权，在任何时候、任何场合下，千万不要试图和你的厂商直管人员争执、顶撞甚至是产生正面冲突，否则你会输得很惨。如果对方确实态度蛮横或不顾及你的感受，你最好的回应就是保持沉默。

（4）充分尊重

在面对资历尚浅、刚步入销售管理岗位的厂商直管人员时，要对他们有基本的尊重。不要以为自己是个行业老手，就处处表现出优越感和一副盛气凌人的样子。你表现出的所有尊重、理解和谦逊，总会在某一天得到回报。相反，你的瞧不起和看不上，也总会在某一天付出代价。

4. 终端直管人员关系管理的方法

终端门店直管人员的关系管理也是有一些成熟的策略和方法的，如果我们能够知晓并加以运用，在维系和发展与终端直管人员的关系、充分利用直管人员资源方面，会取得事半功倍的效果。

（1）有全力配合的态度和行动

针对厂商直管人员安排的任务，在条件允许的情况下，应尽快完成，做完之后还应及时反馈结果。针对应做、难做且未做的事项，要及时反馈并申明原因。

厂商直管人员既然能被派来管理一个区域市场，绝不会到无理取闹的程度。有些事，能否执行，能执行到什么程度，其实他们心里都很清楚，少数另类的厂商直管人员除外，关键是你要能让他感受到你的态度和行动力。

（2）有足够的热情和关注

每次厂商直管人员到门店巡店或处理相关事务的时候，己方都要表示出足够的热情。就算再忙，也要打个招呼说明一下，并倒一杯水表示一下你的热情。在时间允许的条件下，要多和对方沟通交流，以加深彼此的了解和默契。

（3）通过主动汇报强化认同

每到月底，往往都是厂商直管人员黯然神伤或惊心动魄的时候，因为这几天的业绩变化基本决定了他们本月的薪酬。门店管理者可找个时间，给他们打一个电话，关心一下他们的业绩状态。

如果当月门店销售业绩还可以，就说明一下自己和团队这个月拼命工作的目的就是为了给他争口气；如果当月门店销售业绩很一般或不尽如人意，就说明自己和团队已经尽到了最大努力，但是碍于各种原因，还是没达到理想结果，下月一定会加倍努力……

除了你的终端门店在区域市场数一数二，有举足轻重的地位这种情况之外，实际上一个终端门店的月度业绩波动对一个厂商直管人员的当月业绩成果而言，其影响并不是很大。那为什么我们还要这么做呢？我们这么做的目的是让厂商直管人员能够感受到我们对他们的关心和在乎，让他们感受到我们是在和他们并肩作战，让他们认识到我们想要和他们同呼吸、共命运。

换位思考一下，如果你是厂商直管人员，在你负责管理的片区里，有这样的终端门店管理者，你会作何感想？你会不认可对方吗？有什么好事或可以适当照顾的地方，你不会首先想到对方吗？

（4）做一个好学生、好下属

在面对厂商直管人员时，我们可以为自己设置多重角色，抓住一切可能的机会，把我们不懂的地方或需要对方支持和指导的方面，及时传达给对方。我们要表现得像个学生，要表示出足够的谦逊，对厂商人员的帮助和指导一定要表示真诚的感谢。

无论厂商人员是否到店，每隔一段时间，门店管理者都要把门店最近一个阶段的工作做个大致的梳理和总结，并反馈给对方。如有一些问题和困难，也可以一并提出。这样一则可以让对方感受到你时刻处在其控制之下，二则针对一些工作阻力和难点，也可以借助对方的经验和技能共同思考解决，甚至通过对方申请厂商的协助和配合，共同面对问题。

如协作过程中，不可避免地产生了一些争执、小摩擦或小矛盾，可以诚挚表示一下歉意，这样也能够对问题的化解产生积极影响。

二、终端辅助或参与性管理人员的关系管理

1. 终端辅助或参与性管理人员的范围

终端辅助或参与性管理人员主要是指厂商销售部门的销售助理。

2. 终端辅助或参与性管理人员关系管理的目的

及时了解到一些厂商与终端门店协作方面的事务进度，提高厂商资源申请和调配方面的效率，及时了解到一些与厂商有关的资讯或动态。

3. 终端辅助或参与性管理人员关系管理的原则

终端辅助或参与性管理人员关系管理的原则主要有按要求办事、注重细节和相互尊重。

（1）按要求办事

每一个组织都有各自的处理内部事务的制度和流程，这些制度和流程通常都是建立在一定的权责基础上的规范化的硬性规定，如没有特殊情况，并不会因为某一个人或某一个合作组织的特定需求而改变。

在我们和厂商的协作过程中，涉及厂商内部管理和制度方面的事务，通常都是由销售助理代为申请、跟进和办理。我们要按照销售助理给出的具体要求，积极配合，千万不要总是认为自己可以被特别对待，而对销售助理的要求置若罔闻，甚至在不配合的情况下还向区域经理投诉。

如果我们以这样的态度和行为方式面对销售助理，虽然厂商相关人员碍于情面不会计较，但是在漫长的与厂商协作的过程中，吃亏的还是自己。比如有些事明明对方知道对我们不利，可就是不告诉我们；明明可以快一点办好，可就是让我们按流程走。

（2）注重细节

在与销售助理进行事务性对接时，要把细节做得足够到位。你做得越细致，对方处理起来就越轻松；相反，你做得越粗糙，对方处理起来也就越吃力。而且，无论你做得到位还是粗糙，一旦超过了销售助理的心理预期，他都会帮你在厂商内部进行扩大宣传。至于宣传内容是积极还是消极，则完全取决于你的行为结果。

（3）相互尊重

不要不把销售助理当干部。你的厂商直管人员是区域经理没错，但是在某些问题的处理上，区域经理未必能真正帮到你什么，甚至你转达给区域经理的请求，也是要依靠销售助理代为实施的。

在与销售助理对接过程中，要给予其足够的尊重，表现为态度诚恳、语气柔和、理解充分。

4. 终端辅助或参与性管理人员关系管理的方法

终端辅助或参与性管理人员关系管理的方法主要有先熟悉、常夸赞、多互动。

(1) 先熟悉

抓住一切机会，增加沟通频次，多聊一些生活话题，让彼此先熟悉起来。有些终端管理人员与厂商的销售助理只有在工作需要时，才会进行交流，否则从来不会寻找或制造机会接近销售助理。如果双方连最基本的熟悉都谈不上，其他更加紧密的关系将无从谈起。

(2) 常夸赞

多给销售助理一些欣赏和赞美，千万不要吝惜和忽视了这些免费的关系润滑剂。既可以选择当面赞赏，也可以选择当着厂商直管人员的面间接地赞赏。有时候，这种"隔山打牛"的招式比直接的肯定效果更好。

(3) 多互动

多关注一下对方的动态，发现有机会共情时，抓住一切机会共情。让对方感受到你对他的关注。让对方认识到，除了工作和需要他帮忙的情况，你也还是会想着他。

三、订单人员的关系管理

订单人员是终端门店与厂商所有可能产生交集的人员中，沟通频率最高的人员，其重要性可见一斑。频繁的沟通带来了利弊共存的结果。第一种可能的结果是，更快地与订单人员建立起感情，感情基础也更牢固，这是有利的一面；第二种可能的结果是，由于沟通频率较高，出现摩擦和矛盾的概率也在加大，这是不利的一面。

1. 订单人员的范围

由于每个厂商内部岗位名称设置存在着一定的差别，不同的厂商对订单人员的岗位名称叫法也不一样，多数都是叫销售内勤或客服，还有一些厂商会叫订单专员或订单处理员，有的甚至会叫销售助理。

总之，无论岗位名称如何变化，你只要知道此处我们要说明的就是负责给你处理订单、跟进生产和发货的那个岗位人员即可。

2. 订单人员关系管理的目的

保障与厂商之间协作的效率，加深与订单人员的协作默契，便于间接了解周边市场的动态。

3. 订单人员关系管理的原则

订单人员关系管理的原则主要包括戒焦躁，有耐心原则；诚信原则；包容体谅原则和避免人身攻击原则。

（1）戒焦躁，有耐心原则

要知道，订单人员绝非服务你一个终端门店，中等规模厂商的订单人员一个人可能服务1～2个省的客户，大规模厂商的订单人员甚至服务几个省的客户。而且订单人员所处理的事务通常都比较琐碎，不可能做到像专属客服那样随叫随到，也不可能实时盯着与你的终端门店有关的事务进展，这既是常态也是现实。

如果你总是因为某些事务没有像你所预期的那样推进，而苛责对方，这既反映了你的素养不够，同时也为订单人员的关系管理制造了沟壑。

（2）诚信原则

如你的门店和厂商之间合作较久，可能存在零星欠款。如果订单人员催款且你已经应允会按时付款，就要一诺千金。找理由和借口拖延这种事情只有一次有效，还是慎用为好。

你体谅对方，诚信做人，换来的不仅是你们之间感情和默契的深化，而且在下一次你因为特殊情况而无法按时汇款时，对方可能愿意帮你申请特事特办。

（3）包容体谅原则

高频率的沟通，频繁的信息交互，如果说从来不发生错误也很不现实。如果合作过程中确实发生了一些小的失误或错误，只要不涉及重大原则和重大损失，要给予对方适度的体谅。如果真是重大过失，相信厂商自然也会有处理方案。斤斤计较既浪费时间，也会给厂商留下尖酸刻薄的印象。

（4）避免人身攻击原则

无论和对方之间发生了什么，都千万不要人身攻击。任何摩擦和矛盾都可以在时间作用下逐渐化解，唯独人身攻击是不可能被忘记的。这就相当于在给自己以后的工作留下隐患。

4.订单人员关系管理的方法

订单人员关系管理的方法主要有善用情感称谓、主动担责和适度的馈赠。

（1）善用情感称谓

由于高频率的沟通，双方称谓本身的复述频率也会很高。在终端门店管理人员是女性且对方订单人员也是女性的情况下，"亲爱的"这个称谓总比"小张"和"小李"或是"丽丽"和"红红"这些称谓更加有情感穿透力吧！

如果终端门店管理人员是男性也没关系，"亲爱的"这个词用不了，就用

"姐姐"或"妹妹"来代替"美女"或"刘云"这样的称谓。

（2）主动担责

如在合作过程中，因订单人员个人失误产生了一些小的损失，如果是在终端门店承受范围内的或者无关紧要的，己方要主动把责任揽过来，明知是对方的问题，偏偏说是自己的失误。相信我，对方不会浑然不知。后续一旦你有用得到对方的地方，或对方觉得对你有利可以帮你争取的，他一定会加倍奉还。

（3）适度的馈赠

适度的馈赠是指如果你的所在地有什么特产，在大面积上市且价格比较有优势的时候，买好后直接寄给对方。就说经常麻烦对方，感觉不好意思，刚好特产上市给对方尝尝鲜，表达一下谢意。

这种小的馈赠既可以加深彼此的感情和默契，也可以化解曾经存在的一些小摩擦和不愉快。

四、市场及培训人员的关系管理

1. 市场及培训人员的范围

市场及培训人员主要包括督导人员、动销人员和培训老师。

2. 市场及培训人员关系管理的目的

加深好感，降低对方重复来到终端门店的抗拒心理，让对方能够毫无保留地为终端门店的发展建言、献策和出力，方便随时请教一些问题。

3. 市场及培训人员关系管理的原则

市场及培训人员关系管理的原则主要包括全力配合工作原则，好好学习原则。

（1）全力配合工作原则

市场及培训人员来门店，多数都是为了完成一定的任务和工作目标，这些任务和目标多数情况下都具有临时性和阶段性的特点，我们要全力配合，这样即便没完成目标，也没有人会怪你，否则，你就是抗拒。

（2）好好学习原则

在培训老师面前，一定要好好学习，经常性地向老师虚心请教一些问题。培训老师最讨厌的是那种知识缺乏还不愿意学习、自鸣得意的人。

4. 市场及培训人员关系管理的方法

市场及培训人员关系管理的方法主要包括不分场合地尊敬和发自内心地

欣赏。

（1）不分场合地尊敬

不管在任何场合，在面对市场及培训人员时，尤其是在其布置任务和传授技能时，都不能流露出丝毫的自满和不尊敬，总之要低调、谦虚。

（2）发自内心地欣赏

该鼓掌的时候鼓掌，该认可的时候点头，该添茶的时候添茶，该夸赞的时候夸赞。

五、生产人员的关系管理

1. 生产人员的范围

生产人员的范围主要是终端门店能直接对接的厂商生产部门的主管或负责人。

2. 生产人员关系管理的目的

便于在需要的情况下，及时了解到己方产品的交付进度和计划；便于随时随地请教一些产品专业知识。

3. 生产人员关系管理的原则

生产人员关系管理的原则主要包括无事、小事勿扰原则和尊重客观事实原则。

（1）无事、小事勿扰原则

厂商生产部门的主管或负责人通常都比较忙碌，非紧急重要的产品交付跟进最好不要打扰对方，有意识地降低与对方的沟通频率，免得给对方留下一个"经常来添乱"的印象。

（2）尊重客观事实原则

在处理一些质量问题售后服务时，不能完全为了维护己方利益而罔顾事实，不能把非生产质量问题强说成生产质量问题，否则无异于给厂商生产部门的主管和负责人扣帽子、泼脏水。

4. 生产人员关系管理的方法

生产人员关系管理的方法主要是多建议、多反馈，经常性地关注一些竞争产品的动态，尤其是行业生产工艺和技术方面革新的动态，利用当地人脉资源多收集一些资料、产品样件和边角料。

一旦发现有价值的行业产品生产工艺与技术动态，及时将上述信息反馈给厂商生产部门主管或负责人，对方一定会对你高看一眼，甚至会愿意与你做更多深层次的沟通。

六、仓储物流人员的关系管理

1. 仓储物流人员的范围

仓储物流人员主要包括厂商仓储物流部门的主管和负责人。

2. 仓储物流人员关系管理的目的

便于及时查询退换货和产品交付的进度，有助于及时了解厂商存货产品的库存变化动态。

3. 仓储物流人员关系管理的原则

仓储物流人员关系管理的原则主要包括避免连续催促原则和避免不规范退货原则。

（1）避免连续催促原则

遇有特殊情况，如雨雪天气、物流耽搁或其他不可抗力因素导致的发货或产品延迟交付，当厂商已经解释得很清楚的时候，我们没必要对仓储物流相关人员进行频繁的电话和信息催促，这样不但于事无补，反而会让厂商的仓储物流部门主管或负责人心生反感。

（2）避免不规范退货原则

涉及一些厂商规则范围内的产品退货时，我们要把退还产品的类目和明细整理成清单，说明产品退货的原因，对单个产品有必要备注信息的，要给予标注，将产品包装完好后再安排返厂。如果做得再仔细一点，将产品的发货日期和批次也一并列明，并反馈给厂商仓储物流部门的主管和负责人则最佳。

千万不要将产品混成一片，或扭成一团，稀里糊涂地随意包裹一下就安排退货。这样厂商方面，尤其是仓储物流部门主管或负责人会非常地敌视你。后续你哪怕找对方办一丁点儿的小事，对方很有可能不愿意提供支持和协助。因为你不懂得换位思考，总是图自己方便，给别人添麻烦。

4. 仓储物流人员关系管理的方法

仓储物流人员关系管理的方法主要是心怀感恩，真诚面对。在与仓储物流部门的主管或负责人打交道的时候，要放低自己的姿态，将"辛苦了""给您添麻烦了""又让你多受累了"这样的话放在嘴边。厂商仓储部门的相关人员一般都比较实在率真，只要保持真心与他们沟通即可。

七、售后服务人员的关系管理

1. 售后服务人员的范围

售后服务人员主要包括厂商专职或兼职的专门处理售后服务的个人或售后服务部门的负责人。

2. 售后服务人员关系管理的目的

有助于售后问题的高效率处理和协商，便于随时咨询一些售后服务方面的问题。

3. 售后服务人员关系管理的原则

售后服务人员关系管理的原则主要包括对事不对人原则和据理力争原则。

（1）对事不对人原则

在处理售后服务过程中，与厂商售后相关人员沟通和接洽时，我们仅就售后服务展开讨论即可，千万不要将矛头对准承担售后服务职责的个人或部门负责人，他们只是代表厂商处理售后服务的代理人。

（2）据理力争原则

如果售后服务问题确系厂商原因导致，我们也已经掌握了确凿的证据。即使售后服务人员为了减轻或避免厂商责任及损失，我们也要据理力争，不可能一味妥协，但这种据理力争仍然不能违背对事不对人原则。

4. 售后服务人员关系管理的方法

售后服务人员关系管理的方法主要是情绪控制法。所谓的情绪控制法，即无论发生什么，在面对售后服务人员时，我们都应该控制好自己的情绪。正是因为售后服务容易引起情绪激化，我们才更要通过情绪控制法来告诫自己，保持理性和平和，不可以冲动。即便客户情绪激动地对待我们，我们也不可以这样面对厂商的售后服务相关人员。

不同岗位的厂商人员，会存在不同的关注重点和沟通交流习惯，自然就需要我们掌握不同的沟通原则和方法，做到有的放矢。与此同时，我们要认识到，所有厂商人员都处在一个平台，他们的身份是同事，他们会存在各种各样的私下交流。他们对终端门店组织的评价和印象会相互影响和传播，尤其是那些与终端门店具有紧密关联的厂商相关岗位人员。

因此，在进行厂商关系管理时，我们不但要分清主次，同时，还要照顾到整个厂商关系管理的基本面。当大多数厂商相关岗位人员对终端门店组织的评价趋向于积极和认可时，才能说明我们的厂商关系管理富有成效。

第二节 搞好渠道关系应掌握的法则

为了能够获得更好的经营绩效，除了依托己方门店销售产品外，很多终端门店也会积极开拓外部合作渠道和关系，扩大产品的流通范围，以提高品牌知名度和在当地市场的占有率。

这势必需要终端门店管理者来思考，如何对这些外部渠道和关系进行管理和维护，才能保障双方合作的顺畅和共赢？如何深化和发展这些外部渠道和关系，才能使己方具备竞争壁垒和先发优势？

带着这些疑问，我们一起来总结一下，如何对这些外部渠道和关系，进行有针对性的管理和维护。

业内终端门店当前主要的渠道构成包括合作渠道、关系渠道、工程渠道。同一渠道存在不同的关系类别，需要不同的管理与维护方式。

一、合作渠道

合作渠道主要是指与装修公司的关系。

1. 装修公司关系的特点

装修公司关系是组织与组织之间的关系。一般组织与组织之间的合作关系相对要规范一些，如关系建立前可能签有合同或订立过一些简单的口头协议，约定过双方的权利、责任和义务。

2. 装修公司关系的创建

在与装修公司建立合作关系前，要通过当地市场人脉关系了解一下对方的行业口碑和信誉。如果搜集不到相关信息，在沟通洽谈阶段，要注意观察对方的负责人或参与洽谈人员的关注点，如果其一味关注价格或账期，要审慎对待。

如果不是特别小型的装修公司或特别有把握的情况下,最好签署一份规范的合作协议,把双方的诉求和共识书面化。这样既可以降低合作争议风险,也具备了法律依据。

3. 装修公司关系的管理与维护

仅找关键人作为合作关系的主要对接人。针对中、小型装修公司,能直接和老板对接的,最好不要找其他人。针对大型装修公司,能和采购或供应商负责人直接对接的,不要找下面的办事人员。

初次合作的装修公司半年内的账期结款,一定要严格按照合同约定督促执行,否则慢慢地,合同就会变成一张白纸。很多时候,门店与装修公司的关系之所以越来越差,不按期付款的问题也是一个很大的诱因。

服务要及时,这是与装修公司维系合作关系的前提条件。如果对方有合作方面的事务找到你,越快解决越好,绝不能拖拉。

在实现阶段性盈利之前,不要大搞排场,娱乐宴请相关人员,美其名曰是在维护关系。实则,一场售后服务或配合不力就可能让对方反目。己方应当把精力放在多想想如何配合对方上,把客户口碑和服务质量提上去,这才是基础。

有了阶段性盈利支撑后,仅找关键关系人,将其邀请出来一对一地谈谈心,交流一下感情,这才是正确的关系维护法。一群人的狂欢没人会领你的情,你所做的一切,对于他们而言,也不过是一场饭局而已。

二、关系渠道

1. 装修公司的设计师关系

(1) 特点

通常我们所说的装修公司渠道不应包括与装修公司所属的设计师之间的合作,前者是组织与组织之间的合作,后者是组织与个人之间的合作。因此,设计师合作严格意义上讲应被归类为关系渠道。

装修公司设计师关系的特点主要表现为工作第一,共赢第二,感情放在最后。

(2) 创建

装修公司设计师关系的创建主要分为主动创建和被动创建。主动创建是指我们主动到装修公司拜访设计师而建立起来的关系,被动创建是指设计师独自或带客户来到门店所建立起来的关系。

如果是主动创建的设计师关系，一定要想方设法邀请设计师来一趟门店，给他全面介绍一下门店正在经营的产品，不局限于门店展示出来的样品，没有展示出来的产品，应配合产品样册或图片一并介绍。

如是被动创建的设计师关系，一定要尽快抽时间到他的办公场所对其进行一次回访，了解一下设计师所在公司的基本情况。他在公司的角色和地位和他最近正在进行的项目，为以后的关系维系做好铺垫。

很多时候，我们和设计师之间的关系没有建立起来，淡化在了岁月的流逝中，根本原因是我们总是认为获得了对方的联系方式，有了沟通就算把关系建立起来了，显然这是认知误区。真正的关系创建的标志应该是销售人员和设计师相互已经具备了基本的了解，这个"基本"最直接的体现就是双方起码要完成一次互访。

（3）管理与维护

共赢兑现要及时。在建立了持续稳定的合作关系后，在其公司或同事面前不要表现得和对方过于熟络，维持正常的工作交际即可。生日、特别节日的礼赠如果策划得当，比直接宴请更容易打动对方。

如果有机会遇到正在寻找装修公司的业主，或只想找个设计师规划一下平面布局的业主，多给设计师介绍一下，别管是否能成，要的是这个行为和过程。

2. 独立工作室的设计师关系

（1）特点

独立工作室设计师关系与装修公司设计师关系的本质区别是，装修公司的设计师只是设计师；而独立工作室的设计师除了是设计师之外，还是工作室的老板，即独立工作室设计师具有双重角色。

遇到这种具有双重角色属性的关键关系人时，我们需要掌握一个法则，即找他的主要角色，例如对独立工作室设计师而言，老板的角色才是他的主要角色，设计师角色只是辅助角色。

（2）创建

能够自己开设独立工作室的设计师，多半已经有了一定的行业经验储备，并非像装修公司设计师那样要求双方必须完成一次基本的互访。但是销售人员应到访过设计师的工作室，并已经将样册、样件、产品图片、图册或其他产品资料给了设计师，否则不能视为设计师关系的创建已经完成。

（3）管理与维护

在为独立工作室设计师提供服务时，一定要坚持低成本、高效率原则。这是与其能够保持稳定关系的基石。产品质量一定要过关，质量不稳定的产品不纳入产品选择范围。要多观察了解，一旦发现有能帮得上对方的地方，就立即去做，别犹豫。

嘴上要经常喊"老师"，眼神里充满仰慕，偶尔适当地夸赞一下其审美和对空间美学理解的独到，拿出最大程度的谦逊和尊敬并让其感受到。如果上面这些都能做到，一般宴请、礼赠和共赢这些套路就几乎不需要了。

3. 个体装修承包关系

（1）特点

个体装修承包关系，主要是与本地市场专门承接个人室内装修的包工头建立的关系。这些包工头基本都有一技之长，其中尤以木工技术从业者为最多。这一群体一般对当地行业非常了解，业内人脉资源较广且复杂。个体装修承包关系呈现出的是亦友亦商、或亲或疏和较高的不稳定性特点。

（2）创建

如果没有和这些包工头深入交流过，就不能视为已经完成了和对方关系的创建。如果连创建都没完成，指望将这种关系转化为切实的"生产力"，一般就会比较困难。

个体装修承包关系用直接创建的方式一般效率不是很高，最理想的创建方式是走熟人路线，即间接创建方式。这一群体通常会比较注重人情和面子，尤其是对那些多年沉淀下来的兄弟和朋友。

例如你听说本地市场包工头老刘，在当地市场个体装修承包方面有很好的业界口碑，想要和老刘创建合作关系。你直接去找老刘创建关系的方式，远远不及你通过老刘的一个兄弟或朋友，间接创建与老刘的合作关系来得高效。

（3）管理与维护

个体装修承包关系的管理与维护，最主要的还是走情感路线，当然共赢机制也必不可少。如果对方统一采购材料，产品价格力度可以适当放大一点，尽可能推荐一些高性价比的产品。当终端门店组织一些公共宴请或活动时，可以邀请对方参加，给足其面子。

4. 物业关系

物业关系主要是与物业公司的一些关键岗位人员所建立起来的合作关系。

这些人员主要包括物业经理、保安和保洁人员。

（1）特点

物业关系的特点主要表现为关系创建简单、维护成本低和竞争性不强。物业关系的构成分为主要关系和辅助关系，即不同关系存在一定的强度差异，如与物业经理的关系属于主要关系范畴，与保安和保洁的关系则属于辅助关系范畴。

（2）创建

与物业经理关系的创建，可以选择直接创建的方式，也可以选择先与保洁和保安建立起关系，再用间接创建的方式。具体可以打听一下物业经理本人的性格，是开朗活泼型还是慢热内向型，再有针对性地选择与对方沟通的技巧。

与保洁和保安关系的创建比较简单，选择主动创建方式即可。在同一个小区，理论上不需要同时跟物业经理、保安和保洁全部建立起关系，最多一主一辅的搭配已足够。

并非所有本地市场的小区都要创建物业关系，而且也没有哪个门店的团队有这么多精力。优先选择那些销售团队不经常走访却又有零星的不定时装修开工的小区，如很多交房时间不超过三年的小区，可能就会存在这种情况。

（3）管理与维护

与物业经理关系的维护相对简单，定期拜访一下即可，逢年过节不要把他忘记就好。共赢机制可有可无，具体看对方是否看重。

与保洁关系的维护主要是门店有一些废旧物品时可以送给对方（如对方需要）。有客户需要临时雇佣开荒保洁时，也可以为双方牵线搭桥。

与保安关系的维护主要是有机会到访小区时简单聊几句即可。

三、工程渠道

1. 地产商的关系

地产商的关系是指门店以厂商名义与本地房地产开发公司建立起来的直接或间接合作关系。

（1）特点

地产商关系的特点主要是关系主体之间实力不对等，需要厂商协助创建和管理与地产商之间的关系，终端门店在与地产商关系的维系中，通常仅扮演临时性或补充性的角色。

(2) 创建

针对本地规模化的房地产企业,终端门店管理者可以选择先了解需求,再邀请厂商直管人员来到本地市场共同参与主动创建。

针对本地非规模化的房地产企业,终端门店管理者可以以"厂商区域代表"的身份单独创建,创建前可以就相关问题请教一下厂商资深人士,做到心中有数。

无论用哪一种创建方式,都应该以厂商作为与房地产企业洽谈合作的主体。

(3) 管理与维护

与厂商共同创建的地产商关系,其实线管理与维护交给厂商相关人员即可。门店仅承担虚线配合,按照厂商相关人员的协助请求给予支持即可。

终端门店单独创建的地产商关系,其管理与维护应找准关键关系人,一般是房企总经理或分管采购及供应商的负责人。总经理一般不需要特别的关系维护,给予足够的尊重,做好服务,把控好产品质量和交付时效即可。

如果是专门的管理人员负责,则需要情感和共赢双线并举,侧重于其兴趣和喜好。在工作方面全力配合,不给对方添麻烦;在生活方面,能找到彼此共同的兴趣点。

2. 承包商的关系

承包商关系是指终端门店与本地市场或外部市场具有独立法人资格,即公司性质的装饰装修承包单位所建立起来的关系。

(1) 特点

承包商关系的特点主要表现为关系创建难度大且周期较长、关系存在不稳定性和关系维护成本较高。

(2) 创建

承包商关系的创建虽然可以像地产商关系那样以厂商名义来创建,但一般不建议这么操作。这主要是因为很多承包商在没有连续需求的前提下,还会疯狂压价甚至欠款,导致多数厂商不愿意参与而终端门店又无力参与,到头来有可能落个竹篮打水一场空。

如果终端门店认为有必要创建承包商关系,就优先选择本地的承包商,同时主要考察对方的商业信誉和业界口碑,尽量选择中、小型规模的承包商,以终端门店名义洽谈合作即可。承包商关系初创阶段,己方应保持足够的理性和谨慎,避免带来坏账风险。

非本区域的外部市场承包商，无论是主动创建还是被动创建，必须坚持最基本的安全原则，确保整个关系的创建和维系处在风险可控状态。

（3）管理与维护

本地市场的承包商关系管理与维护既要找准关键关系人，同时也要维护好与现场管理人员的关系，如项目经理。关键关系人如果是企业总经理，给足价格力度，做好服务、品控和配合工作即可；如果是其他管理人员，应当以情感和服务配合为主，共赢手段要慎重使用。

与项目经理关系的维护，要尽可能放低自己的姿态，让对方感受到被尊重，尽可能地满足对方的配合需求，协调好安装与施工人员与对方的协作关系。

至此，我们可以发现，渠道关系管理和维护的两大主线是共赢和情感交互。在面对不同渠道、不同关键关系人时，这两条主线的强度和表现形式以及组合运用的方式，存在着一些差别。

实质上，关系管理和维护的核心就是人性的管理和维护。当我们能够充分理解人性、理解关系对象时，自然就知道该怎样开始并维系与各个渠道合作伙伴的关系。

第八章

实现异业联盟资源整合共赢的策略和方法

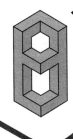

异业联盟已经成为泛家居行业终端经营的一种特有的商业组织形态，尤其是在涉及年度大型关键促销活动时，其组织形态的优势往往能够得到最大化的发挥。近些年，行业市场快速扩张导致的客流分散，已经对大部分终端门店的经营业绩产生了直接影响，这已经是不争的事实。

如何在非大型活动期间，即常态化背景下，有效、充分发展联盟组织这一行业特有的组织形态，充分整合各个门店的资源为各个门店所用，也是终端经营和管理者一直在思考和探索的问题。在少数区域市场，这种思考和探索确实也取得了一定的实质性成果，只是并非那么容易传播和复制。

目前在抵御客流分散、需求下降和产品流通渠道分散等不利于终端门店经营的因素方面，有效发展联盟组织和高效整合异业联盟资源，对于每一个终端门店组织而言，是最有益也是成本最低的一种解决问题的方式。作为行业终端经营者和管理者，无论你当下处在全国哪一个区域市场，都应该对此抱有坚定的信心，并持续不断地进行展望、探索和实践。

针对这一问题，笔者基于行业现状和对未来异业联盟组织高效发展的展望，整理了一些策略和方法，供各位业内终端经营者和管理者借鉴和参考。部分内容为行业首创，请大家在实践之前结合己方门店和区域市场实际情况，充分评估其可行性。

这些策略和方法概括起来描述主要是3选择、2圈层和1机制，因此我们也可以将其称为泛家居行业异业联盟组织搭建和运营的基础模型（入门级），即"321模式"。

我们都听说过选择大于努力这句话，这句话有非常强的普遍适用性，用来描述当下泛家居行业异业联盟组织的搭建和运行，也不例外。事实上，很多业内异业联盟组织之所以后期经营问题很多，协作低效，就是因为组织搭建过于随意，没有进行必要的建立在客观条件基础上的相互选择。

这些选择策略主要包括品类选择策略、品牌选择策略和其他综合选择策略。

一、异业联盟组织的品类选择策略

1. 品类相近

所谓的品类相近，是指处在同一个联盟组织内部的各个门店所经营产品的品类最好有近似性，如陶瓷和卫浴，壁纸和窗帘，地板和木门，油漆和防水产品。

2. 品类融合度

品类融合度，是指各个门店所经营产品的品类在某一个使用环境或空间中，有较高的依存和互补性，彼此互为条件，缺一不可。

如在卫生间这一特定的使用环境和空间中，瓷砖、卫浴和集成吊顶这三个品类互为条件，缺一不可，说明瓷砖、卫浴和集成吊顶具备品类融合特点。

如在厨房这一特定的使用环境和空间中，橱柜、厨电、水槽、集成吊顶和瓷砖这些品类互为条件，甚至铝合金门窗也可能成为互为条件的品类。但明显可以看出，橱柜、厨电和水槽之间的品类融合度要远远高于其他品类。

由此可知，当特定使用环境和空间变大或互为条件的品类增多时，品类之间的融合度必然存在差异。我们要优先选择那些融合度较高的品类。

二、异业联盟组织的品牌选择策略

1. 品牌线一致或趋近

品牌线一致，是指联盟组织内各个终端门店所经营的品牌在品牌定位、主力产品价格区间、品牌的目标客群定位方面应保持较高的一致性或在上述几个方面趋近于一致。

如一线品牌应尽可能与一线品牌结盟，在没有一线品牌可供选择的情况下，首先应考虑的是二线知名度相对高一点的品牌。关于品牌线一致性的问题，在业内终端实践过程中都已经建立起广泛认知，无需过多解释。

2. 强势地方品牌应优先于同阵线的全国性品牌

在部分区域市场，个别品类的地方品牌在当地表现强势，其区域知名度远远高于同阵线的全国性品牌，应该优先选择与这一类品牌结盟。

三、异业联盟组织的其他综合选择策略

1. 区位分散化

区位分散化，是指在同一联盟组织内，各个门店所在区位不应过于集中，最好能分散一些，这样可以最大限度地吸收当地市场不同方向和区位的潜在顾客。如果门店过于集中，进店顾客同质化会比较严重，导致资源整合的效率递减。

区位分散化同样存在着高、低两个程度，程度的选择需根据当地泛家居

行业流动渠道的竞争格局来定。如当地市场有两条建材门店比较集中的街道，一条街人气较高，另外一条街不冷不热，这种情况下我们选择低度的区位分散化策略即可。

如当地市场有两个家居建材商场，一个位于城南新区，一个位于城北老区。这两个建材商场当下人气相对均衡，对比差异不大。在这种市场环境背景下，就比较适合高度的区位分散化策略。通过联盟组织来实现对南、北两块市场区域客群的覆盖。

2. 经营价值观一致性

终端门店经营者的经营价值观，对联盟组织的持续稳定运行，会产生重要的影响。拥有不同经营价值观的终端经营者，会赋予团队不同的文化属性。如果终端门店之间的团队文化属性存在较大冲突，不但组织协作效率低下，还会滋生各种各样的矛盾。还没有联盟组织框架约束的终端门店组织，终端门店管理者计划去建立孵化联盟组织时，这是一个要放在首位考虑的问题。

3. 组织规模趋近

不同的组织规模意味着有不同的生产力和战斗力，如果门店之间的组织规模差距太大，便很难形成价值对等。价值对等是维持联盟组织持续稳定运行的必要条件。

通过上述三个选择策略，基本上很快可以做出评估，在当地市场，我们到底应该找谁结盟。即便没有规范的联盟组织框架约束，如终端门店管理者想要有目的地去整合异业的资源，也可以这么做，在理论层面都是相通的，无非一个有组织，一个没有组织。有时，没有组织反而是件好事，会更具有灵活性。

四、异业联盟资源整合的圈层建设

前面解决了如何正确选择结盟对象的问题。接下来，就需要探讨一下怎么结盟的问题了。从联盟虚拟组织诞生的那天起，这个组织的运行就严重依赖各个门店的经营者，到今天为止，这种状况也没有特别大的改变，这也正是联盟组织运行低效的一个重要因素。

每个终端门店经营者都有自己的日常事务需要打理，有的可能还不只是开设一家门店，甚至是跨行业投资经营。碎片化的时间和琐碎的经营事务导致这些经营者之间不可能有高频率沟通和接触，甚至不会把更多时间消耗在这种虚拟组织的建设和发展上，当然大型促销活动除外。

事实上，真正决定联盟组织运行效率和担当资源整合落地工作的也并非他们自己，而是他们设立的终端门店的管理者和门店的基层销售人员。

可就是这些终端门店管理者和基层销售人员，即便是在有固定联盟组织框架约束的情况下，平时互动也很少。如果门店短期内经历了一些人事变动，有可能处在同一联盟组织框架下的两个不同门店的基层销售，面对面走在大街上，还不认识彼此。这就是当下行业在终端门店资源整合方面的真实写照。

试问，如果承担资源整合具体任务、对资源整合效率有巨大影响的管理者和基层销售人员不能保持紧密沟通和互动，那么这种异业资源整合的效率将如何保障？彼此的合作默契和感情将如何深化？彼此的虚拟合作关系将走向何方？

如何能够将处在同一联盟组织框架下的终端门店管理者和基层销售员工，甚至是没有联盟组织框架约束但有志实现终端门店资源整合的终端门店管理者和团队捆绑在一起，增加他们沟通和互动的频次，深化他们的感情与合作默契，既是当前终端门店高效整合资源迫切需要解决的问题，也是未来行业终端资源整合发展的方向。

针对这一问题，终端门店管理者可以尝试通过在终端门店团队层面建立两个不同沟通互动圈层的方式来解决。这两个圈层分别是以终端门店管理者为基础的圈层和以终端门店销售人员为基础的圈层。

1. 店长共营圈

店长共营圈是指在泛家居行业终端门店相互认同、具有共同志向开展资源整合协作的基础上，由各个门店的管理者（店长）所组成的，旨在推动合作门店之间经营共创、管理共担和资源共享的非正式组织。店长共营圈既可以存在于异业联盟组织内部，也可以存在于没有联盟组织的本地市场，由某几个终端门店的管理者自由组合搭建。

（1）组建

加入店长共营圈的候选人，除非万不得已，尽量不要选择老板娘任店长或"代理店长"（实际控制权在老板娘手上）一类的候选人，弊端很多，不一一列举。

（2）组织形态

由图 8-1 可知，整个店长共营圈的组织形态呈环形，类似于广义的圆桌会议。各个店长之间相互平等，具有同等的权利和义务。

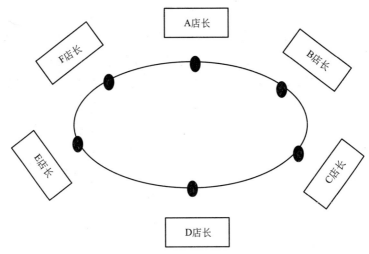

图 8-1　店长共营圈的组织形态

（3）组织结构

店长共营圈需设置一个圈主，即首席店长。首任圈主应由店长共营圈发起店长担任，继任圈主由大家公推或票选选出。但是在资源整合过程中，当某一店长所管理的门店三个月平均贡献率最高且超过第二名 30% 时，该店长自动升级为圈主。

（4）组织形式

店长共营圈每周召开一次共赢周例会。如确有需要，圈主也可以召开临时性的会议。

（5）要做、能做和可以做好的事情

店长共营圈首先要做的就是，不遗余力地提高各自负责的门店之间的资源整合效率，不断回顾有关资源整合的机制、制度和流程，不断发现问题并及时解决，定期总结成功经验，在圈层内部和各自负责的门店推广扩散。这是店长共营圈得以存在的核心使命，但店长共营圈能够创造的价值又不仅仅局限于此。

除了推动门店之间的资源整合工作外，店长们也可以定期讨论本地市场的动态变化，客户需求的变化，门店管理、运营的机制和制度建设，门店销售团队建设和提升，渠道开拓与客情关系维护，等等。

店长们还可以就彼此擅长的方面进行角色交换。例如 A 店长擅长员工销售技能培训，其余几个店长可以约定一个具体时间，把各自门店的员工统一召集起来，由 A 店长代替其他店长为他们的团队进行统一的销售技能培训。

再如，B 店长擅长装修风格与色彩搭配，同样可以效仿 A 店长的操作。

又如，C 店长擅长售后问题处理，知道如何与处在情绪爆发状态下的客户相处并解决问题，其他门店如果遇到类似售后问题，可以邀请 C 店长参与协助处理。

总之，每一个店长都有自己的闪光点，如果把各自的闪光点都拿出来，聚到一起，就是一个小太阳。用这个小太阳的能量去解决一些问题时，无论是力度还是成效都要远远大于单个闪光点。

2. 销售互动价值链

销售互动价值链是指在店长共营圈的基础上，由各个门店的销售人员所组成的，执行门店之间资源整合工作的非正式组织。销售互动价值链是依附于店长共营圈存在的，店长共营圈是销售互动价值链存在的基础和前提条件。销售互动价值链也可以被看作是店长共营圈在执行层面的延伸和扩散。

（1）组建

处在店长共营圈覆盖下的所有终端门店所属的基层销售人员，都可以自愿选择是否加入销售互动价值链，也就是说销售互动价值链的组建应该以个体的主观意愿为前提条件。所以作为终端门店管理者的店长们，应该思考的是如何通过机制和制度激发各自团队销售人员的主观加入意愿，强行分配或命令加入实际上多半都不会有什么好的成果产出。

（2）组织形态

图 8-2 所示的圆形态，是与店长共营圈组织形态相一致的形态，也是比较理想化的销售互动价值链组织形态，但事实上在终端很难实现，否则我们也不会将执行圈层命名为销售互动价值链了。

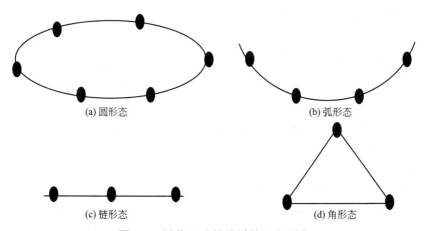

图 8-2　销售互动价值链的组织形态

图 8-2 所示的弧形态,是除圆形态外,与店长共营圈最接近的一种组织形态,虽然也存在一定的实现难度,但在管理得当和默契度较高的条件下,在一部分虚拟组织中可以实现。

图 8-2 所示的链形态和角形态,是最适合当前行业终端门店以资源整合为目的、不同门店销售人员相互组合互动的组织形态。链形态和角形态因为具备较高的灵活性,也更加适合以主观意愿为前提的销售互动价值链组建方式。

（3）组织结构

需设置一名链长,组建销售互动价值链的销售人员即该销售互动价值链的链长。一个销售人员可以组建多个价值链。

（4）组织形式

销售人员可以根据自己的意愿,随时加入或退出某个销售互动价值链。这就需要店长共营圈的管理者们来共同思考,应如何激励那些有组织能力和销售能力的销售人员主动组建销售互动价值链。

五、异业联盟资源整合的激励机制

作为一种虚拟组织形式,异业联盟若想让内部的所有个体都有足够的意愿和动力参与到资源整合工作中来,愿意向其他组织和个体分享自己的资源,并极力促成资源的组织内转化,自然少不了一个"利"字,而这个"利"字在虚拟组织内部,通常表现为与异业联盟组织资源整合的目的和目标相适应的科学完善的激励机制。

1. 针对店长共营圈圈主的激励

店长共营圈圈主作为异业联盟资源整合的领导者,其付出的时间、精力和创造的价值自然要大于其他店长。因此,店长共营圈应该探讨制定出针对圈主的激励机制。这样既可以对圈主的多余付出进行补偿,也是对其价值的直接肯定,又可以激励更多的店长竞争圈主角色,可谓一举多得。如可以根据整个虚拟组织实际的资源整合成果给每一任圈主计提一定比例的佣金或奖金。（注：圈主一般任期为 3 个月。）

2. 针对店长间角色互换的激励

不同店长擅长的方面和自身的优势各不相同,自然,这种优势或专长所创造的价值也会存在明显的区别,并且可能会存在某些店长由于没有擅长之处而无角色可以扮演的情况。这些可能的状况都会带来价值的不对等。要想办法通过机制和制度建设，来减轻甚至消除这种不对等，以维持虚拟组织的存续和发展。

如经过审慎评估，对创造较大价值和贡献度较大的角色，给予一定的经济补偿。对于无角色扮演的店长，可以先考虑缩小店长角色交换的范围，或在征得无角色扮演的店长所在终端组织同意后，按其组织接受的其他店长角色给予次数或角色价值对价付酬。需要强调的是，缩小店长角色交换范围，并不会影响到虚拟组织正常运转。

3. 针对销售互动价值链链长的激励

链长的激励设计，可以考虑根据其组建和负责的销售互动价值链实际产生的资源整合业绩，计提一定比例的佣金。

4. 针对基层销售人员的激励

基层销售人员的激励比较简单，直接根据其资源转化的实际业绩，计提一定比例的佣金即可。

"321模式"仅适用于简单、非规范化、处在联盟组织孵化阶段的一些正式或非正式联盟组织，并且需要终端门店管理者们在实际操作过程中，进行灵活运用，甚至需要对建立在"321模式"之上的模式进行发展和再优化。

"321模式"也是一个去终端经营者的异业联盟资源整合模式。在具体实施中，虽然经营者不参与，但还是需要征得他们的同意和支持，向他们阐述模式本身的价值和对终端门店经营绩效的促进作用，不然很可能会停留在计划层面，无法真正落地。

至此，本书管理篇的内容正式结束，接下来将进入运营篇内容的分享和阐述。管理篇几乎都是有关终端门店基础体系建设的内容，也是需要终端门店管理者必须掌握和灵活运用的技能。

各位读者一定要敢于实践、勤于思考、乐于分享和定期回顾，只有这样，才能够不断提高你的终端门店管理技能，才能为组织和团队更好地赋能。

运营篇

第九章
如何利用大数据指导门店高效运营

第一节　如何利用大数据精准评估市场需求
第二节　充分利用大数据监控门店运营
第三节　如何精准解读、分析门店运营数据

第一节
如何利用大数据精准评估市场需求

区域市场社会经济环境总是处在动态的变化中，直接导致了泛家居行业的市场需求也会呈现出动态的变化，具体表现为市场需求在不同时间周期内的增加或减少。如果我们能够有效评估并精准把握市场需求的变化和趋势，就可以精准施策，提前谋篇布局，合理利用和配置组织资源，实现资源利用的最大化。反之，如果总是跟着感觉走，拍脑袋决策，或选择跟随市场动态，那我们不但会失去先发优势，还有可能会落后于竞争对手，导致组织在面对市场竞争和主动发展时陷入被动。

泛家居行业的市场需求可以分为潜在市场需求和存量市场需求。潜在市场需求通常会对组织未来一个时间周期内的经营策略和计划产生影响，存量市场需求通常用于指导短期内，甚至是当下的经营计划、策略和行为。

一、潜在市场需求评估

潜在市场需求评估是指利用科学、客观的方法，广泛收集未来一个时间周期内可以转化为实际需求的目标市场项目或标的信息，并对这些信息进行整理、统计和分析，以得出对潜在市场需求的预测和度量结果。潜在市场需求可分为工装需求和家装需求两大部分。

（一）潜在工装需求

潜在工装需求主要包括在建、计划改造公共工程，在建、计划改造工业工程，在建、计划改造商业和私有工程和在建精装房项目。

1. 在建、计划改造公共工程

在建、计划改造公共工程是指那些城市规划、基础设施配套建设和与公共、公益相关正在建设或计划改建、改造的项目和标的。

（1）信息收集

在建、计划改造公共工程的信息收集主要有以下几个渠道：大型工程项目招投标信息网站搜索查询，搜索引擎关键词搜索，官方采购招投标发布渠道和平台，当地可能涉及工程项目建设和改造的大型单位官方网站，业内人脉信息打探，当地设计院信息搜集，日常及时关注本地城市建设相关的讯息和动态。

总体上应该以互联网渠道搜集信息为主，一方面效率较高，另外一方面对潜在需求的项目和标的情况了解得也更加清楚。

（2）数据库建立

为了便于对潜在需求进行分类汇总和统计，我们应该按照标准格式建立在建、计划改造工程潜在需求数据库。表 9-1 给出了具体的参考，终端门店管理者也可以按需添加或删减数据库关键信息项目。

表 9-1　在建、计划改造公共工程数据库

在建、计划改造公共工程数据库										
数据编号	工程名	甲方	乙方	施工地址	立项时间	开工时间	计划竣工时间	工程造价	甲方联系人	联系方式	产品潜在需求预测

（3）数据库维护

数据编号应根据升序原则，按照项目或标的计划竣工时间由近及远匹配排列，即数据编号的排列是固定不变的，与数据编号相匹配的项目或标的计划竣工时间距离当下越近，排名越靠前。

一旦数据库内的项目或标的竣工，并已经进入室内装修施工阶段，应及时将其从数据库中移除。

2. 在建、计划改造工业工程

在建、计划改造工业工程指与工业生产和仓储物流相关的正在建设或计划改建、改造的项目和标的。

（1）信息收集

在建、计划改造工业工程的信息收集应以互联网渠道为主，同时可以配合一些针对当地市场产业园区的主动走访和关注。

在建、计划改造工业工程信息收集过程中，一定要注意剔除一些无效或低质量潜在需求，如有一些工业工程主要是生产配套，仅有少量简单办公配套，这种没有生活配套或精装办公配套的工业工程项目或标的就属于无效或低质量潜在需求，我们无需将其纳入潜在需求统计范围。

（2）数据库建立

由表 9-2 可以看出，我们仅是将在建、计划改造公共工程数据库中的"工程造价"改成了"项目配套"。数据库中关键信息项目的变更，意味着我们对潜在需求和标的的关注点发生了变化。

表 9-2 在建、计划改造工业工程数据库

在建、计划改造工业工程数据库

数据编号	工程名	甲方	乙方	施工地址	立项时间	开工时间	计划竣工时间	项目配套	甲方联系人	联系方式	产品潜在需求预测

（3）数据库维护

要点与在建、计划改造公共工程数据库维护相同。

3. 在建、计划改造商业和私有工程

在建、计划改造商业和私有工程是指与办公、生活和商业相关的正在建设或计划改建、改造的隶属于企事业单位、私营企业或个人投资者的项目和标的。

（1）信息收集

在建、计划改造商业和私有工程是需要重点关注和挖掘的潜在市场需求，应该利用当前已知的一切信息收集手段来收集这方面的信息，其中尤以专业化定位的工装装饰公司或设计院输出的信息最为可靠。

（2）数据库建立

在表 9-2 的基础上，表 9-3 又加入了"项目定位"，甚至还可以加入其他关键信息项目，只要终端门店管理者认为有必要即可。

表 9-3 在建、计划改造商业和私有工程数据库

在建、计划改造商业和私有工程数据库

数据编号	工程名	甲方	乙方	施工地址	立项时间	开工时间	计划竣工时间	项目定位	项目配套	甲方联系人	联系方式	产品潜在需求预测

（3）数据库维护

要点与在建、计划改造公共工程数据库维护相同。

4. 在建精装房项目

在建精装房项目，是指房地产开发商在本地市场在建的精装房项目。

（1）信息收集

在建精装房项目的信息收集可以选择线下和线上相结合的方式。线下一般通过售楼部的公开信息和资料对在建精装房项目能有一个基本了解，再通过这些项目基本信息，追根溯源，获取房地产开发商有关在建精装房项目的招投标或采购计划的信息。

（2）数据库建立

对比前面的数据库，在建精装房数据库（表9-4）的关键信息项目数更多，主要是便于组织对潜在需求的规模和周期做出更加科学的预测和评估。

表 9-4　在建精装房项目数据库

在建精装房项目数据库												
数据编号	小区名	甲方	期数	项目地址	总套数	开工时间	计划竣工时间	采购方式	项目单价	项目需求范围	甲方联系人	联系方式	产品潜在需求预测

同一在建精装房项目如果开发商有分期建设计划，那么不同的分期应单独在数据库中体现出来。

（3）数据库维护

同一在建精装房项目如果有分期，仍然将计划竣工时间作为项目排序的标准，不能因为是同一项目而强制分配在相邻位置。

当地在建的普装公租房、集体住房需求评估操作也可以参考在建精装房项目的相关内容。

（二）潜在家装需求

潜在家装需求主要包括在建毛坯商品房、在建自建房两大部分。潜在家装需求是泛家居行业终端门店潜在需求的基础与核心。

1. 在建毛坯商品房项目

在建毛坯商品房项目是泛家居行业终端门店最大的一部分潜在需求，也是市场需求评估工作的重点。在建毛坯商品房项目潜在需求评估工作的质量，对组织未来一个周期内的经营计划和策略是否有效有直接的影响。

（1）信息收集

在建毛坯商品房项目的信息，通过走访在建项目售楼处和收集项目公开宣传资料的方式收集即可。

（2）数据库建立

由表 9-5 可知，对比其他潜在需求数据库，在建毛坯商品房项目数据库关键信息项目再一次扩充。其中"总套数"关键信息项目增加的目的是通过对户型配置比例的进一步分析，更精准地对产品需求做出预测和评估，如两室一厅一厨一卫的户型和三室一厅一厨两卫的户型对卫浴类、瓷砖类和集成吊顶类的终端门店而言，潜在产品需求的规模和总量完全不同。

表 9-5 在建毛坯商品房项目数据库

在建毛坯商品房项目数据库												
数据编号	小区名	甲方	期数	项目地址	总套数	户型比例	开工时间	计划竣工时间	计划交房时间	项目单价	甲方联系人	联系方式	产品潜在需求预测

（3）数据库维护

竣工和交房通常未必能按计划准时实现，这就需要我们及时关注数据库内项目的进度和动态，并及时对相关信息进行动态更新和维护。

在建安置房、回迁房、单位集体福利住房的潜在需求评估操作也可以参考在建毛坯商品房项目的相关内容和方式。

2. 在建自建房

在建自建房潜在需求多数都是发生在三、四线城市郊区、县城、乡镇所属的本地市场。

（1）信息收集

在建自建房由于比较分散，无论是信息收集成本还是收集难度都比较大，一般可以通过主动上门打探或借助行业人脉资源等方式收集信息。

（2）数据库建立

如表 9-6 所示，在建自建房的数据库相对比较简单，主要包括一些必备关键信息即可。

表 9-6 在建自建房数据库

在建自建房数据库								
数据编号	姓名	联系方式	施工地址	开工时间	计划竣工时间	户型格局	购买力	产品需求预测

(3) 数据库维护

与在建毛坯商品房数据库维护相同。

二、存量市场需求评估

存量市场需求评估，是指利用科学的方法，采取动态的手段，针对已经竣工或完成交付、随时可以产生产品需求的商品房、公共住房、单位集体住房和自建房等目标对象，进行全面的不间断的信息收集，以评估和预测目标市场短期或即时性的需求，用以指导终端门店的短期经营计划方向和日常工作重点。

存量市场需求都是从潜在市场需求转化而来的，是潜在市场需求的延伸，也是市场需求在不同时间阶段的具体表现形式。如果潜在市场需求评估工作做得比较扎实，存量市场需求评估的操作也会更加容易，因为前者为后者奠定了基础。反之亦然。

存量市场需求包括新小区、次新小区、老小区和已竣工自建房。

（一）新小区

新小区是指以首个集中交房日的时间节点为准，交房时间不超过1年的小区，包括商品房和单位集体住房。

1. 信息收集

新小区的信息收集以地面搜索为主，就是传统意义上的扫楼。

2. 数据库建立

新小区的需求信息数据库可以分为单位数据库、微观数据库和宏观数据库三种。

（1）单位数据库

单位数据库是指以某一新小区单个单元楼为数据对象所创建的需求信息数据库。

表9-7为某小区单位数据库的范例。小区推广、扫楼当前业内大部分终端门店都在做，但是做得还不够细，只是去看，去跑，没有对小区的存量需求信息进行精准收集，自然也就无法准确判断存量需求的具体规模，更加谈不上把握存量需求在不同时间周期内的变化了。

表 9-7 小区单位数据库

××小区单位数据库（3#楼）

楼层	楼层平面分布											
	01			02			03			04		
	空置	施工	入住	空置	施工	入住	空置	施工	入住	空置	施工	入住
1层												
2层												
3层												
4层												
5层												
6层												
7层												
8层												
9层												
10层												
11层												
12层												
13层												
14层												
15层												
16层												
合计												

总计数量		施工		入住		空置	
三率占比							

制表：　　　　　　制表日期：　　　　年　　月　　日

(2) 微观数据库

微观数据库是指以整个新小区作为数据对象所创建的需求数据库。微观数据库是对单位数据库的汇总，单位数据库是微观数据库的基础。

如表 9-8 所示，通过对单位数据库的汇总，得出小区微观数据库。

表 9-8 小区微观数据库

单元	需求动态分布		
	空置	施工	入住
1#			
2#			
3#			
4#			
5#			
6#			
7#			
8#			
9#			
10#			
11#			
12#			
13#			
14#			
15#			
16#			
合计			

××小区微观数据库

总计数量	
三率占比	

制表：　　　制表日期：　　年　　月　　日

(3) 宏观数据库

宏观数据库是指以整个本地市场所有新小区作为数据对象所创建的需求数据库。宏观数据库是对微观数据库的汇总，微观数据库是宏观数据库的基础。

表 9-9 是某区域市场新小区宏观数据库的范例。可以看出，宏观数据库在内容和体例上与单位数据库、微观数据库已经出现了较大差别。

表9-9 新小区宏观数据库

数据编号	小区名	期数	项目地址	空置	施工	入住	交房时间	转入次新时间	项目单价	产品需求预测
合计										
总计			三率占比							

3. 数据库维护

新小区数据库维护的重点是每一次的动态和信息变化所导致的数据变动，都应该及时更新，考虑到每次更新的时间成本，也可以选择定期更新的方式，如以周或月为单位。

超出设定时间的新小区数据项要及时转入次新小区数据库。

（二）次新小区

次新小区是指以首个集中交房日的时间节点为准，交房时间超过 1 年且不超过 3 年的小区，包括商品房和单位集体住房。

(1) 信息收集

次新小区和新小区一样，需要以地面搜索的方式来进行需求信息收集。与之不同的是，由于次新小区开工率已经不高，如果经常扫楼，投入产出会严重不成比例。

恰当的做法是降低扫楼的频率。高效的做法是选择先侦查，再精准拜访的方式将信息收集与小区推广工作两相结合。无论怎样，次新小区每一年度应有一次以上的地毯式搜索，以便精准全面掌握存量市场需求的变化。

（2）数据库建立

次新小区数据库可参考新小区数据库的内容和体例，仅将新小区宏观数据库中的"转入次新时间"关键信息项变更为"转入老小区时间"即可。

（3）数据库维护

次新小区数据库信息的动态更新保持与每年年度普查的信息收集同步即可。

（三）老小区

老小区是指以首个集中交房日的时间节点为准，交房时间超过3年的小区，包括商品房和单位集体住房。

（1）信息收集

老小区的信息收集无需再选择地毯式搜集，可以选择在老小区内发展暗线的方式，来实施对老小区存量需求的动态监控。

（2）数据库建立

老小区无需特地建立数据库，仅接收次新小区自然转化，不断积累即可。

（3）数据库维护

老小区的数据库动态维护和更新，按照有发生即更新，无发生不更新的原则处理即可。

（四）已竣工自建房

已竣工自建房是指基建完全结束，已经进入室内装修或处在待装修状态下的自建房。

（1）信息收集

已竣工自建房可以选择门店被动收集、业内人脉资源打探或共享和主动地面搜索多种方式相结合的方式进行信息收集。

（2）数据库建立

从表9-10可以看出，已竣工自建房数据库和在建自建房数据库的内容和体例差别不大，仅对个别关键信息项目作了调整。

表 9-10 已竣工自建房数据库

已竣工自建房数据库								
数据编号	姓名	联系方式	施工地址	竣工时间	计划装修时间	户型格局	购买力	产品需求预测

（3）数据库维护

与老小区数据库维护相同。

建立潜在市场需求数据库和存量市场需求数据库，不仅有助于我们精准把握不同时间周期内的本地市场需求状态和趋势，对本地市场总需求的规模和数量做出全面预测和评估，还可以为己方组织制定与市场发展相适应的经营计划和策略提供重要的参考。

近年来，随着精装房交付占比不断攀升，工程装修市场规模和总量不断扩充，产品流通渠道已经发生了重要变化。我们不应该继续顽固地在家装渠道上选择被动等待，使组织的经营和发展陷入迟滞。

很多业内的终端经营和管理者甚至对精装和工装渠道熟视无睹，并未将其纳入己方应该满足的有效市场需求。这种经营观念未免有些狭隘，我们不但要聚焦树木，更要心怀森林。我们应该选择主动出击，全面而精细化地梳理和挖掘本地市场需求，进而通过对总需求的研判和预测，结合组织能利用的一切有效经营资源，制定积极且富有攻击性的策略和战术计划并有序实施。只有这样己方组织才能在本地同业市场激烈的竞争中取得丰硕成果。

第二节
充分利用大数据监控门店运营

随着组织科学管理和精细化管理理论的普及，信息科学技术的不断发展及在商业领域中的创新和应用，大多数终端组织都已经意识到了信息对组织经营管理的重要性。

在众多行业和领域的终端组织中，对信息的重视程度和利用能力又以具有互联网属性的商业终端组织最具代表性。互联网行业的很多商业模式都是以信息为核心着力点而构建起来的，因此这些商业组织总是不遗余力地在获取信息和利用信息方面积极进取。也正是基于此，才诞生了一个叫"大数据"的新时代名词。

泛家居行业终端组织在信息利用方面，先不与具有互联网属性的商业终端组织相比，就是与同为消费品领域的快消品属性的终端组织相比，也还有很大差距。

导致这个结果的原因有两个，一方面是行业不同带来的经营方式不同，如很多快消品属性的终端组织都是标准化和规范化运营，而泛家居行业的终端组织则是以小而散、非标准化和非规范化运营为主流。

另外一方面，也与行业终端经营和管理者对信息利用的不重视有关。大部分人还都停留在经验决策阶段，对于建立在信息充分利用基础上的高效科学决策方式的价值还没有形成足够的认知。

经常有业内的终端经营和管理者请教笔者："您觉得我的店怎么样？团队怎么样？产品怎么样？服务怎么样？"

要么就是："您觉得我这样做可以吗？您觉得我这样调整一下会不会更好一点儿？您觉得我们明年应该怎么做？以后应该怎么做？"

笔者通常只是应付一下，说一些表面可见的问题和相关的整改建议。但是，再深入的，就没办法说了，也没办法给出具体的建议。因为当笔者要求对方提供门店经营相关的数据时，对方要么说只是有个大概数据，要么说没怎么统计。结果就是大家相视一笑，结束话题。

虽然知道告诫未必有用，但是通常笔者还是会礼节性地告诉业内终端经营和管理者，把你的门店数据统计出来，而且要持续做，这样你就不需要频繁问我一些简单和初级的问题了。因为数据可以给你指引，可以告诉你下一个月、下一季度和下一年度大概要怎么做，上一月度、上一季度和上一年度你做得怎么样，哪里做得比较好，哪里做得还比较差，你的经营管理决策有无问题或是否有效……

那么泛家居行业终端门店到底要统计哪些数据呢？这些数据又是如何创建并被应用于哪些方面呢？这都是本节需要回答的问题。

泛家居行业终端门店应建立的数据包括销售基础数据、运营质量数据、服务质量数据、经营质量数据、产品竞争力数据、管理质量数据、客群分析数据、主动营销数据、销售渠道数据、目标市场数据和市场需求动态数据。

一、销售基础数据

销售基础数据是指终端门店实际运营过程中产生的能够反映门店直接经营成果且能够成为其他运营数据核算基础的初始数据和相关信息。销售基础数据包括销售额、销售单数和客流量。

1. 销售额

（1）数据应用方向

销售额属于初始数据，只要门店有销售产生，自然就会存在销售额。其主要作用是直接反映门店经营成果，为其他数据核算提供基础。

（2）数据周期

周、月、季度、半年、年度。

（3）数据统计与核算

销售额数据的统计与核算比较简单，直接将一定时间内每一订单的销售额加总即可。

2. 销售单数

销售单数与销售额同为反映直接经营成果的数据，只是侧重点不一样。一个是经营成果在货币方面的反映，一个是经营成果在绝对订单数量方面的反映。

销售单数的数据应用方向、数据周期和数据统计与核算可参考销售额。

3. 客流量

客流量也称进店顾客数量，是指在一定时间内有效进店顾客的数量。所谓有效进店顾客是指尚未成交且初次进店的顾客。

（1）数据应用方向

客流量能够直接反映市场需求和变化的程度，同时为其他数据核算提供基础。

（2）数据周期

日、周、月、季度、半年和年度。

（3）数据统计与核算

门店每一位销售人员当日接待的尚未成交且初次到店的顾客数量加总。

二、运营质量数据

运营质量数据主要是反映一定周期内，终端门店综合运营成果和质量的相关数据，包括成交率、平均单数和平均单值。

1. 成交率

成交率是指一定时间周期内实际完成销售转化的客户数量与有效进店客户数量的比值。

（1）数据应用方向

成交率用以反映门店销售团队的客户转化能力和终端门店组织的综合竞争力水平。

（2）数据周期

月、季度、半年和年度。

（3）数据统计与核算

成交率的计算公式为：成交率 = 实际签单客户数 / 有效进店客户数。

2. 平均单数

平均单数是指一定时间周期内门店实际完成的订单数除以该时间内有效销售人员数后所得出的平均数值。有效销售人员是指能够独立完成销售工作，且已经过了试用期考核的销售人员。

（1）数据应用方向

平均单数能够反映销售团队的综合竞争力水平和团队发展质量。

（2）数据周期

同成交率数据周期。

（3）数据统计与核算

以月度为例，平均单数的计算公式为：月度销售单数 / 月度有效销售人员数。

销售人员当月转正且转正之前未完成初次签单的，当月不能将其视为有效销售人员。销售人员连续在岗时间低于 15 天的，当月核算平均单数时应将其从有效销售人员总数中排除。

3. 平均单值

平均单值是指某个销售额除以构成该销售额的订单数后得出的平均数额。

（1）数据应用方向

平均单值能够直接反映终端门店运营成果的实际质量，间接反映销售团队的销售能力和水平。

（2）数据周期

同成交率数据周期。

（3）数据统计与核算

平均单值的计算公式为：销售额 / 构成该销售额的订单数。

三、服务质量数据

服务质量数据是用来反映门店服务质量和水平以及客户对门店提供的综合服务满意程度的相关数据。

1. 客户满意度分布比率

客户满意度分布比率是指不同程度的客户满意度评价在既定的客户满意

度评价范围内的空间分布。

（1）数据应用方向

客户满意度分布比率主要反映门店提供的综合服务对客户评价的直接影响以及这种影响的强弱程度。

（2）数据周期

月、季度、半年和年度。

（3）数据统计与核算

客户满意度分布比率的核算统计过程如下。

第一步，先统计出不同满意程度客户评价的实际数量。

第二步，用同一满意程度客户评价实际汇总结果除以参与评价的客户总数，得出不同满意程度客户评价与总评价客户数的比值，即得出客户满意度分布比率。

例如，某门店2021年3月份的例行回访客户数量为30个，收到的客户满意度评价结果如下：非常满意6个，基本满意20个，不满意3个，非常不满意1个。该门店的客户满意度分布比率计算方式为：6÷30，20÷30，3÷30，1÷30。

2. 平均客户满意度

平均客户满意度是指将每一客户满意度结果加总后除以所有参与加总的满意度结果个数而得出的平均数值。

（1）数据应用方向

平均客户满意度用以反映终端门店综合服务能力水平。

（2）数据周期

月、季度、半年和年度。

（3）数据统计与核算

平均客户满意度计算公式为：每一客户满意度的评价结果加总后的结果 / 所有参与加总的满意度结果个数。

3. 延迟交付比率

延迟交付比率是指未按期交付客户数量与实际应按期交付客户总数量的比值。

（1）数据应用方向

延迟交付比率用以反映终端门店在产品交付服务方面的质量和效率。

（2）数据周期

月、季度、半年和年度。

(3) 数据统计与核算

延迟交付比率的计算公式为：未按期交付客户数 / 应按期交付客户总数。

四、经营质量数据

经营质量数据是指能够综合反映门店经营质量、本地市场综合竞争力、投入与产出比率即盈利能力的相关数据。

1. 预估市场占有率

预估市场占有率是指终端门店在一定时间内实际完成的销售业绩占预估市场总需求的比率。由于终端门店市场需求规模和调研的专业能力有限，加上市场总需求也并非完全可以准确预测，通常仅能基于终端门店掌握的信息预估一个市场总需求数值。

为了避免这个预估总需求数值与现实相差过大，我们可以将预估市场占有率分为工装预估市场占有率和家装预估市场占有率。如能够按本章第一节的市场需求预测方法组织实施市场需求预测，虽然工装方面可能仍然避免不了存在误差，但是家装方面的预测准确度会有很大保障。

（1）数据应用方向

预估市场占有率主要反映终端门店在本地市场的综合竞争力。

（2）数据周期

年度。

（3）数据统计与核算

预估市场占有率的计算公式为：终端门店实际完成的销售业绩 / 本地市场预估总需求。

2. 门店坪效

门店坪效是指门店一定时间内创造的总销售额除以该时间内门店实际可用面积后得出的具体数额。

（1）数据应用方向

门店坪效主要反映的是门店经营质量和门店有效空间利用能力。

（2）数据周期

月、季度、半年和年度。

（3）数据统计与核算

门店坪效的计算公式为：门店当期销售总额 / 门店当期实际可用面积。

3. 门店人效

门店人效是指一定时间内门店创造的销售总额除以该时间内门店的平均在岗人数。

（1）数据应用方向

门店人效主要反映门店人力资源利用能力、团队统一协作能力和门店人员配置的合理性。

（2）数据周期

季度、半年和年度。

（3）数据统计与核算

门店人效的计算公式为：当期门店销售总额 / 当期门店平均在岗人数。

由于门店平均在岗人数的计算具备一定专业性，为了降低操作难度，在实际操作过程中可以略做变通。具体操作方法如下：计算季度人效时，如当期有新入职员工，在岗时间低于 35 天的，当期不应算入平均在岗人数；如当期有老员工离职，在岗时间超过 45 天的，当期应算入平均在岗人数。

计算半年度人效时，新员工在岗时间低于 50 天的，不作数；老员工在岗时间 110 天以上的，应作数。

计算年度人效时，新员工在岗时间低于 80 天的，不作数；老员工在岗时间 200 天以上的，应作数。

经过变通后，平均在岗人数 = 当期固定员工数量 + 异动员工判定结果数量。

五、产品竞争力数据

产品竞争力数据是指能够反映产品受市场欢迎程度与产品质量稳定性相关的数据。

1. 单品销售排名

单品销售排名是指将一定时间内门店销售的单品按销量由大到小进行顺序排列后所得到的数据清单。

（1）数据应用方向

单品销售排名能够反映门店在售产品受市场欢迎程度和销售人员针对主推产品的推广力度和能力。

（2）数据周期

月、季度、半年和年度。

（3）数据统计与核算

单品销售排名的核算主要是将原始销售数据加总即可。

2. 产品质量问题客诉比率

产品质量问题客诉比率是指产生客户质量投诉的某一型号产品订单数占全部产品质量问题客诉订单数的比率。

（1）数据应用方向

产品质量问题客诉比率能够反映产品质量问题在所有曾售、在售产品中的分布情况。如是相对集中还是比较分散，只有数据结果才能给出明确的答案。

（2）数据周期

季度、半年和年度。

（3）数据统计与核算

产品质量问题客诉比率的计算公式为：某一型号产品质量问题客诉订单数/全部产品质量问题客诉订单数。

六、管理质量数据

管理质量数据是指能够反映门店综合管理效率和质量的数据。

1. 员工流动比率

员工流动比率是指一定周期内门店流失员工人数占周期内平均在岗人数的比率。

（1）数据应用方向

员工流动比率能够反映组织的团队文化与氛围是否融洽、管理的制度与机制是否有效、组织的发展潜力和愿景是否对员工构成吸引力。

（2）数据周期

半年、年度。

（3）数据统计与核算

为简化核算过程，平均在岗人分数可以由期初在岗人数加本期新增人数作为替代。计算公式为：流失员工人数/（期初员工人数+本期新增员工人数）。

2. 员工平均薪酬增长率

员工平均薪酬增长率是指终端门店组织在一定周期内发放的工资与福利总额除以该周期内实领工资与福利人数后的均值与上一周期的比值。

（1）数据应用方向

员工平均薪酬增长率能够反映组织的薪酬福利增长情况，体现门店整个团队的价值增长趋势，间接反映门店综合管理质量和水平。

（2）数据周期

月、季度、半年和年度。

（3）数据统计与核算

员工平均薪酬增长率的计算过程如下。

第一步，计算出员工平均薪酬，员工平均薪酬=（当期实发工资+福利总额）/当期实领工资与福利人数；当期实领工资人数由于存在仅领几个工作日工资的情况，在实际操作中应将这一部分人排除在当期核算范围之外。

第二步，当期平均薪酬/上一期平均薪酬，得出当期平均薪酬增长率。

七、客群分析数据

客群分析数据是指能够反映终端门店不同购买力层次客户分布情况的数据，主要是指客群分布比率。客群分布比率是指不同价格分组内的产品订单数占门店所有产品订单数的比率。

（1）数据应用方向

反映门店客户购买力层次分布情况，为经营与管理决策提供参考。

（2）数据周期

月、季度、半年和年度。

（3）数据统计与核算

客群分布比率的计算过程如下。

第一步，建立价格分组，一般四分组即可，特大型终端门店或产品价格定位比较接近的可以选择五分组。四分组的价格分组标志分别为高、中高、中、中低，五分组的价格分组标志在四分组基础上增加一个分组标志"低"即可。当然，你如果想创造性地设置三分组也未尝不可。

第二步，建立价格分组之后，明确每个价格分组之间的界限，简单地说就是为价格划线；如销售单价为300元（含）以上500元以下每平方米，被划分为中高；销售单价为120元以下每平方米，被划分为中低。

第三步，根据一定周期内的产品订单单价，实施订单与小组之间的匹配；就是把订单匹配到属于它的价格分组中。

第四步，统计各个价格分组中的订单数量，再计算不同价格分组中订单数量与订单总量的比值。

八、主动营销数据

主动营销数据是指能够反映终端门店主动营销渠道建设、主动营销观念和主动营销实际成效的数据。

1. 促销活动年度销售占比

促销活动年度销售占比是指终端门店年度所有促销活动创造的销售额占年度门店销售总额的比重。包括单店和联盟组织的各类促销活动。也可以将门店年度促销活动占比和联盟年度促销活动占比分开计算，这样能够更加直观地体现出不同促销活动方式的具体成效，便于终端门店管理者制定下一年度工作计划时科学决策。

① 数据应用方向　能够更直观地体现出促销活动这一主动营销方式，对门店年度业绩的贡献程度。

② 数据周期　年度。

③ 数据统计与核算　计算公式为：年度促销活动创造的销售额 / 年度门店销售总额。

2. 异业联盟资源转化年度销售占比

异业联盟资源转化年度销售占比是指年度通过异业联盟资源整合和共享转化而来的订单销售额占年度门店销售总额的比重。

① 数据应用方向　反映年度终端门店在异业联盟资源整合与协作方面的营销观念、组织外部资源利用能力和主动营销效能。

② 数据周期　年度。

③ 数据统计与核算　计算公式为：年度异业联盟资源转化创造的销售额 / 年度门店销售总额。

3. 小区推广销售占比

小区推广销售占比是指通过小区推广主动营销方式创造的当期销售额占门店当期销售总额的比重。

① 数据应用方向　反映小区推广的实际工作成效，为门店制定阶段工作计划和实施阶段工作回顾提供参考和支持。

② 数据周期　季度、半年和年度。

③ 数据统计与核算　计算公式为：当期小区推广创造的销售额 / 当期门店销售总额。

九、销售渠道数据

销售渠道数据是指能够反映终端门店渠道建设、维护、提升与利用能力的相关数据。

1. 老客户转介绍销售占比

老客户转介绍销售占比是指由老客户转介绍的当期订单销售额占当期门店销售总额的比重。

① 数据应用方向　反映终端门店老客户转介绍渠道的建设与利用能力，间接反映门店客户满意度的水平。

② 数据周期　半年和年度。

③ 数据统计与核算　计算公式为：当期老客户转介绍的订单销售额/当期门店销售总额。

2. 装修公司销售占比

装修公司销售占比是指装修公司渠道产生的当期销售额占当期门店销售总额的比重。

① 数据应用方向　反映终端门店装修公司渠道建设能力和成效，证明终端门店针对装修公司渠道建设方面的策略和举措是否有效。

② 数据周期　半年和年度。

③ 数据统计与核算　计算公式为：当期装修公司渠道创造的销售额/当期门店销售总额。

3. 设计师销售占比

设计师销售占比是指由设计师渠道产生的当期销售额占当期门店销售总额的比重。

① 数据应用方向　反映公司设计师渠道和人际资源的开发、维护和利用能力，研判公司针对设计师群体的营销、维护策略与方式是否得当。

② 数据周期　年度。

③ 数据统计与核算　计算公式为：当期设计师渠道和人际资源创造的销售额/年度门店销售总额。

4. 同业其他人员销售占比

同业其他人员销售占比是指业内人际资源所涉及的相关人员当期创造的销售额占当期门店销售总额的比重。如装修师傅、送货师傅、项目经理和个体包工头等等。由于这些人员比较分散，没必要一一单独核算统计，全部汇总到一起统一核算即可。

① 数据应用方向　反映终端门店在业内人际资源拓展与利用方面的能力和成果。

② 数据周期　半年和年度。

③ 数据统计与核算　计算公式为：同业其他人员当期创造的销售额/当期门店销售总额。

十、目标市场数据

目标市场数据是指能够反映终端门店一定周期内在不同目标市场实际经营成果的数据。

1. 家装年度销售占比

家装年度销售占比是指年度家装目标市场实际产生的销售额占门店年度销售总额的比重。

① 数据应用方向　反映终端门店在家装目标市场的经营成果，为终端门店制定家装市场销售策略和计划提供参考。

② 数据周期　年度。

③ 数据统计与核算　计算公式为：年度家装市场销售额/年度门店销售总额。

2. 工装年度销售占比

工装年度销售占比是指年度工装目标市场实际产生的销售额占门店年度销售总额的比重。

① 数据应用方向　反映门店在工装目标市场的拓展与攻坚成果，研判组织工装市场销售策略与举措的效度。

② 数据周期　年度。

③ 数据统计与核算　计算公式为：年度工装市场销售额/年度门店销售总额。

十一、市场需求动态数据

市场需求动态数据是指会随着市场需求的动态变化而变化的相关数据。这些数据包括工装市场需求动态数据和家装市场需求动态数据。

由于工装市场需求的动态在现阶段并不那么容易被把握，其信息重复采集成本很高，很难在终端实践中得以实施，我们可以将重心放在家装市场需求动态数据上。家装市场需求动态数据中的两项核心动态数据最为重要，一个是新小区微观三率环比增长率，另外一个是小区宏观三率环比增长率。

1. 新小区微观三率环比增长率

新小区微观三率环比增长率是指某一新小区当期空置、施工和入住三种状态占比与上一期该小区空置、施工和入住三种状态占比的比值。

① 数据应用方向　反映新小区即优质存量家装市场需求在一定周期内的变化结果和变化趋势，为终端门店制定和实施小区推广工作计划提供参考。

② 数据周期　季度、半年和年度。

③ 数据统计与核算　计算公式为：新小区当期三率占比（分别）/该新小区上一期三率占比（分别）。

2. 小区宏观三率环比增长率

小区宏观三率环比增长率是指本地市场所有小区在一定周期内空置、施工和入住与上一期该小区此三种状态的比值。

① 数据应用方向　反映本地市场主要家装市场需求在一定周期内的变化结果和发展趋势。

② 数据周期　季度、半年和年度。

③ 数据统计与核算　计算公式为：当期小区宏观三率占比（分别）/上一期小区宏观三率占比（分别）。

上述所有的数据项都可以被理解为是衡量监控与测量终端门店组织经营管理状态是否健康、经营管理决策是否科学有效、投入产出是否符合预期、年度营销政策体系是否健全的有力工具。有了这些工具作为辅助支持，终端门店管理者更容易发现经营管理中存在的问题，更容易把握市场变化过程中出现的新机会，更能提前谋篇布局，更能针对各种机会和问题精准施策。

第三节
如何精准解读、分析门店运营数据

在上一节中，我们全面阐述了信息对终端门店经营管理的重要性以及应如何实施终端门店的全面数据化建设。但是，只是知道如何创建和统计核算这些数据还不够，我们还应该掌握一项基本的技能，即信息的分析和解读能力,否则我们的工作只能算是做了一半,信息还并没有为我们所用,自然也就发挥不出其应有的价值。

本节将就上节谈到的各个数据项的分析和解读,给大家做个梳理和分享。

一、销售基础数据解读与分析

1. 销售额与销售单数

销售额与销售单数都是终端门店实际经营成果的直接体现,并且都是绝对数值,数据的分析和解读也相对比较简单。

通过销售额或销售单数与销售目标计划之间的对比,可以发现门店实际经营成果与计划之间的差距。

通过与历史同期销售额数据横向对比,与上一期销售额数据的连续对比,可以发现市场需求的变化趋势、门店团队的综合竞争力和稳定性、经营策略和计划的有效性。

在分析与解读销售额数据时,还应同时掌握涉及门店经营管理的其他信息和数据,这样可以为我们深入分析影响销售额与销售单数增减变化的因素,提供重要的参考。如当我们想分析销售额为什么会出现连续增长时,有了本地市场需求预测历史数据作为参考,就很容易判断市场需求因素是否对销售额的连续增长产生了推动作用,以及这种推动作用的强度是怎样的。

2. 客流量

通过与历史同期客流量数据横向对比,与上一期客流量数据的连续对比,可以发现市场需求和本地建材市场之间竞争格局的变化趋势、门店引流措施是否有效、门店主动营销方面的实际成效等。

如终端门店在某一建材市场新开店面,或门店在原市场重新改造、装修或位置调整,通过对客流量数据的跟踪和分析,就可以发现这些经营管理举措到底是否有效。

门店大力推行主动营销和渠道建设,其成效如何,往往也可以在客流量数据方面得到体现。

二、运营质量数据解读与分析

1. 成交率

成交率数据的分析和解读通常都是为了评估销售团队的客户转化能力即

销售达成能力。

通过成交率与历史同期数据对比和与上一期数据的环比，可以判断销售团队的销售技能和水平有无提高。如成交率出现连续提高或同比提高，说明销售团队的销售技能和水平确有提高；如成交率出现相对均衡或连续、同比下滑，说明销售团队应在销售技能提升方面及时采取措施。

2. 平均单数

平均单数的增减变化，通常体现了门店销售团队的建设与稳定状况，指向的是门店管理举措的实际成效。平均单数连续或同比增加，说明销售团队蒸蒸日上，销售团队人效正在往理想的方向发展。反之，终端门店管理者要反思，到底是什么导致了门店销售团队的低人效，要结合多方信息，找到问题的根源，再制定有针对性的改进措施。

3. 平均单值

平均单值数据是一个非常重要的门店运营质量指标，其增减变化，反映了门店销售团队对有效客户资源的利用能力。如发现平均单值连续或同比下滑，要注意销售团队是否都去卖低价位产品了。

很多门店销售人员，尤其是初入行业、未经过专业培训的销售人员，总认为低价位产品更容易成交，销售阻力更小。这些错误的认知及其在团队内部的泛化，都会对门店平均单值的数据变化产生重要的影响。一旦通过数据发现下滑的趋势，终端门店管理人员要及时采取措施纠偏。

无论是与历史同期数据对比还是与上期数据环比，相对均衡是平均单值状态的一个正常健康状态。如何确保平均单值不脱离常态，如何引导将平均单值逐步提高，这是终端门店管理者需要持续思考的问题。

三、服务质量数据解读与分析

1. 客户满意度分布比率

客户满意度分布比率通常显示了门店在客户服务方面的优势和劣势。门店管理者应该重点研究"非常满意"的这一群体的共同特征，分析到底有哪些因素共同作用，导致他们给出了这样的评价，并想办法将这些因素转化成门店的服务标准和制度，将优势固化。

管理者应重点分析"不满意"或"非常不满意"的客户群体，分析到底是哪些事件和因素影响到了这些客户的服务体验，把这些因素分门别类罗列出来，逐类逐项思考改善措施和解决方案。

改善措施和解决方案落地后，同类问题若还是会出现并影响客户服务评价，则说明解决方案低效或无效，应该重新思考解决问题的方向或重新优化方案细节。针对来自组织外部的因素，如果当前无法解决，可以考虑制定出现类似问题后的补偿方案。

2. 平均客户满意度

平均客户满意度主要体现的是终端门店的综合服务能力和水平。由于它平均了极端、偶发因素和事件对客户满意度评价的影响，更能真实地反映当前终端门店的服务能力和水平。

平均客户满意度最低水平应维持在60%～70%之间，如果没达到这个标准，多半是门店经营管理存在严重问题。如达到了这个标准，终端门店管理者就需要思考如何进一步优化组织经营管理举措，将平均客户满意度继续提高。

提高平均客户满意度的举措和机制出台后，通过连续跟踪平均客户满意度的变化，可以及时分析判断举措和机制是否有效，如无效或低效，可以及时调整和优化；如有效，则继续强化。

3. 延迟交付比率

延迟交付比率通常反映的是终端门店在产品交付方面的实际效率。通过比率的增减变化，我们可以及时发现，门店的经营管理措施是否还存在着不足。

对于延迟交付的影响因素，也要定期进行合并分析，找到影响产品按时交付的深层次矛盾，并制定针对性的改进措施。

通过延迟交付比率的数据跟踪与对比，可以及时发现影响产品按时交付的新生问题，也可以对解决产品延迟交付问题的方案和措施进行有效性评估。

四、经营质量数据解读与分析

1. 预估市场占有率

预估市场占有率通常反映了终端门店组织在本地市场的综合竞争力，其增减变化往往体现着组织综合竞争力的由弱转强或由强转弱。需要说明的是，强弱转换的原因并非都是来自组织自身的进取和退步，本地市场竞争对手的综合竞争力变化也是一个辅助诱因。

如某些门店预估市场占有率相比上一年度出现了下滑，终端门店管理者通过组织自查并未发现有明显因素影响。后来经过业内专家调研评估，发现本地市场主要竞争对手在过去一年动作频频，竞争力有了非常大的提升。当我们未进步时，敌人的进步即是我们的退步。

根据数据分析结论，如组织自身原地踏步，竞争对手进步，则要制定追赶、超越策略和计划；如组织自身退步，则要制定优化和改进措施；如组织取得了进步，要总结经验，在下一年度终端门店经营管理过程中全面推广和强化。

2. 门店坪效

门店坪效的增减变化，往往体现着市场需求的增长和衰退，终端门店经营管理者的能力强弱，本地市场竞争环境的变化，销售团队的稳定性，品牌在当地市场的知名度和受欢迎程度，门店在售产品与当地市场需求的适配程度，等等。

由于影响门店坪效的因素比较多，有时是一两种因素的影响，有时是多种因素共同影响。因此，对门店坪效数据的分析和解读要求具备丰富的数据分析实操经验，否则，终端管理者很容易迷失在众多因素中而白忙一场。

一个比较适合经验匮乏的管理者的方法是排除法。排除法的实际操作路径是，先将可能影响门店坪效的众多因素罗列出来，然后逐一核对评估假设因素是否成立。

如我们假设销售团队稳定性对门店坪效有影响，但是实际上，对比期内销售团队未出现特别大的波动和变化，那么这项因素就可以排除；如果我们假设市场需求因素对门店坪效有影响，通过查询对比期内市场需求预测结果的变化，发现市场需求确实呈现连续增长态势，那么这个因素就可以被证实确实存在。

3. 门店人效

门店人效通常体现着终端门店的人力资源成本和产出是否处在最佳状态或朝最佳状态方向发展。如果门店人效出现下滑，通常是门店人力资源配置或管理方面存在问题。如出现连续下滑，一定是经营管理存在严重问题。终端门店管理者应据此思考具体的应对措施。

五、产品竞争力数据解读与分析

1. 单品销售排名

单品销售排名可以提示终端门店管理者，哪些产品在本地市场接受程度较高，哪些产品在本地市场接受程度较低，门店主推产品的实际推广执行成果如何。

基于单品销售排名分析结论，终端门店管理者应定期对店面在售产品结构做出必要的调整。如增加一些与销售排名靠前产品相类似或同系列的产品，下架一些常年不动不销的产品。

通过对主推产品的单品销售排名数据跟踪对比，了解与主推产品相关的措施是否有效，主推产品推广执行工作是否有力。针对发现的问题，及时改正，促使主推产品的推广工作向组织预期方向发展。

2. 产品质量问题客诉比率

产品质量问题客诉比率通常可以反映出产品质量问题是否集中于某些特定的产品范围内，或某些特定的因素中。如产品质量问题集中在厂商新推出的产品系列中，或产品质量问题集中在表面油漆或工艺、配件、气味、组装等任意生产环节的某一个方面。

针对有较高集中度的产品质量问题，必须要将其解决。如质量问题集中于特定系列产品，可采取加强产品安装前自检或减少销售，甚至是暂停销售等措施。

如果集中于特定问题，可选择与厂商沟通反馈、加强产品安装前自检、提前告知客户等方式将质量问题客诉发生的概率降到最低，将质量问题可能给客户带来的负面影响降到最小。

如果质量问题客诉比率分析结论显示，导致质量问题的因素较为分散，那就需要终端门店管理者具体问题具体分析，针对每一个问题制定有针对性的改进措施。

通过持续跟踪产品质量问题客诉比率变化，可以及时了解针对产品质量问题影响客户体验的改进措施与解决方案的效度，再及时调整改进相关解决方案即可。

六、管理质量数据解读与分析

1. 员工流动比率

员工流动比率是终端门店团队稳定性的一个重要参考数据。员工流动比率较高的终端门店，门店运营极有可能会出现一系列问题。所有的门店经营成果都是由团队创造的，如果团队不稳定，那又何来的成果。

导致员工流动比率较高的核心因素是团队管理方面存在问题。终端门店管理者应对门店管理环境进行全面自查。以下方面为自查的重点：员工薪酬福利与激励，职业发展，门店工作氛围，管理方式与制度规定。

管理者也可以通过离职访谈的方式，及时了解员工离职的原因。不过这种方式，员工一般会比较排斥，很难坦诚相告。针对这种情况，管理者可以在团队内部安排一个心腹，通过平级非正式沟通的方式曲线收集信息，通过这种方式收集的信息可信度一般都比较高。

通过对员工流动比率的深入分析，找到原因后，再制定改进和优化方案。通过对后期员工流动比率对比跟踪，了解改进成效并及时调整。

2. 员工平均薪酬增长率

由于家居建材终端门店多数还是个体工商户的商业资质，员工平均薪酬增长率实际上就显示了员工平均工资增长率。简单地说，就是团队成员是不是每年都比前一年赚得多。员工平均薪酬增长率越高，说明团队成长得越快，创造的价值越大。反之，则说明组织和团队已经走在了下坡路上。

员工平均薪酬增长率保持平稳微增长是底线，一旦下滑，要像救火一般，迅速找到火源，及时将其扑灭，不能任由其滋生和蔓延。

如门店薪酬制度改革和优化的当期，员工平均薪酬增长率过高，也体现了门店薪酬制度可能存在漏洞和不合理之处，应及时自查，如有不合理之处应及时予以调整。

七、客群分析数据解读与分析

客群分析数据主要包括客群分布比率。

客群分布比率可以提示终端门店管理者，门店代理的品牌和经营的产品，在本地市场门店所面对的不同圈层客户是如何分化的。

在制定具体的经营战略和运营计划时，管理者可以据此分析研判，门店所服务的主要圈层客户是谁，这一圈层客户关注的重点是什么；门店所服务的价值圈层客户是谁，这一圈层客户的体量应当如何扩充；门店所服务的附属圈层客户是谁，在为这一圈层客户服务时如何将效率提到最高。

通常门店客群都是呈中间大、两边小的正态分布，高端客户群体和中低端客户群体都是少数。如果对比数据显示，中低端客户群体在扩大，中档或中高档客户群体在缩小，那么要引起门店管理者足够的重视，及时分析原因并纠偏。

如果通过数据对比发现高端客户群体在挤压中档客户群体的空间，或中档客户群体在挤压中低端客户群体的空间，则说明门店经营管理有方，客户群体正在升级，要及时总结成功经验，全面推广复制。

八、主动营销数据解读与分析

1. 促销活动年度销售占比

促销活动年度销售占比数据可以显示促销活动这一主动营销方式对终端门店年度经营成果的贡献程度。为了能够更加细致地对促销活动的效度进行分析，在当期门店参与联盟促销活动的情况下，我们应该将单店促销活动与联盟促销活动加以区分。

通过对比联盟促销活动和单店促销活动年度销售占比和各自的成本投入情况，选出一个成本投入低、活动产出高的活动促销方式，在下一年度作为主要活动促销方式重点深耕。而另外一个促销活动方式仅作为补充即可。

也可以通过历史数据对比，找到一个增长性更强的活动促销方式，重点投入。

如通过历史数据对比，活动促销方式年度销售占比逐年递增或逐年下滑，应根据实际情况在下一年度加大或减少投入，将经营资源向更有成长性的运营方式倾斜。

2. 异业联盟资源转化年度销售占比

异业联盟资源转化年度销售占比主要反映门店在本地市场异业资源整合方面的建设水平，门店对这一营销方式的利用能力和这一营销方式对门店年度经营成果的贡献程度。

如占比逐年递增，应增加投入；反之，应减少投入。如呈现忽高忽低的状态，应分析导致这一波动现象的具体原因并加以调整。

3. 小区推广销售占比

小区推广销售占比可以揭示终端门店在小区推广方面的实际工作成效。如小区存量市场需求增加，但小区推广销售占比没有等比例增加，说明小区推广工作还有优化和改进空间，或者是竞争对手在小区推广方面进行了重点强化和提升。

如小区存量市场需求减少，小区推广销售占比等比例下滑或严重下滑，可以考虑采取保守的收缩战略，减少小区推广主动营销方面的资源投入。

如小区存量市场需求相对稳定，小区推广销售占比逐期提高，说明小区推广工作成效显著，应总结经验快速复制推广并在下一期增加小区推广方面的投入。

九、销售渠道数据解读与分析

1. 老客户转介绍销售占比

老客户转介绍销售占比通常反映了终端门店对老客户转介绍渠道的重视程度和深耕力度,同时,也说明了门店综合服务能力和水平是处于上升状态还是下降状态。

如老客户转介绍销售占比与客户平均满意度保持等比例或相近比例变化,说明门店在老客户转介绍渠道方面的深耕效力一般,需要分析问题并加以改进。

如老客户转介绍销售占比在客户平均满意度没有大幅起落的情况下,出现了良好的增长态势,说明门店针对老客户转介绍渠道的政策和机制有效,对老客户转介绍渠道的经营与维护得当,应及时总结经验,加以强化。

如老客户转介绍销售占比呈现逐期或连年下滑态势,终端门店管理者应针对老客户转介绍渠道的管理与维护政策和机制进行全面回顾。如排除客户平均满意度下滑的连带影响因素,应系统性地重塑整个门店老客户经营与维护体系,并持续跟踪数据变化,及时对这一体系加以改进和优化,保证老客户转介绍销售占比停止下滑并逐渐平稳上升。

2. 装修公司销售占比

装修公司销售占比主要反映装修公司渠道对门店经营成果的贡献程度。当装修公司销售占比增加的幅度与门店对装修公司的成本投入增加幅度保持等比例时,可继续保持这一状态。当装修公司销售占比增加的幅度远远大于门店成本投入的增加幅度,甚至门店成本投入维持原状时装修公司销售占比仍有大幅度增加,则应在本地市场继续加强装修公司渠道的开拓力度。

当装修公司销售占比增加的幅度低于门店在装修公司渠道方面的成本投入增加幅度时,应采取保守策略,适度减少门店在装修公司渠道方面的成本投入。

此处的成本不只是门店投入的人、财、物等有形和有价成本,同时也包括欠款、账期和可能带来坏账的隐性成本,需要门店管理者在评估成本投入时统筹考量。

3. 设计师销售占比

设计师销售占比主要反映设计师人际渠道对门店经营成果的贡献程度。

一般设计师人际渠道的成本更加可控，不会像装修公司渠道那样可能存在不可预知的隐性成本。

如设计师销售占比呈现逐期、连年增长态势，终端门店应在本地市场加大设计师人际渠道的开拓力度，扩展范围，争取与更多的业内设计师建立起合作关系。

如设计师销售占比呈现出经常性的波动和不稳定，说明门店在设计师人际渠道方面的战术还有很多需要优化和改进的地方，应对合作设计师群体进行非正式访谈，了解他们与门店之间黏性较差的真实原因，再做针对性调整。

如门店在设计师人际渠道方面投入重兵，政策与机制也并无明显短板，可是设计师销售占比仍然迟迟提不上来，或仍然出现下滑，建议选择暂时停止设计师人际渠道的所有投入，将资源调配到其他方向。有时，设计师渠道的工作成效和门店在售产品、本地市场竞争环境也有直接关联。说得彻底一点，不是你和你的团队不努力，或许是贵店现阶段不适合开拓设计师人际渠道。

4. 同业其他人员销售占比

同业其他人员销售占比一般能够反映业内从业人员介绍的订单对门店销售业绩的贡献。由于同业人员涉及的面既杂又广，且有很多不确定因素交互影响，其销售占比增加和减少的成因并不那么容易把握。

但仅需遵循一个基本原则即可，无论同业其他人员销售占比增减如何，保持开放、开源的状态就是最正确的选择。想办法嫁接更多的业内人脉资源，有机会多向对方介绍一下门店的品牌和产品。

如同业其他人员销售占比出现了连年大幅度下滑，这种现象属于风险警示，原因可能是门店在业内口碑急剧恶化，也可能是当地市场竞争环境发生了重大变化，尤其是主要竞争对手的变化，终端门店管理者务必要重视。

十、目标市场数据解读与分析

1. 家装年度销售占比

家装年度销售占比主要反映门店在家装目标市场的实际经营成果以及家装目标市场对门店的重要程度。在现阶段行业内，家装目标市场仍然是大多数终端门店的主力目标市场。

对没有开拓工装市场的门店而言，也不存在家装和工装目标市场之分，自然也就不存在数据分析。由此，我们也可以得出这样的结论，在当地有工装市场需求的情况下，如果一个门店的家装目标市场年度销售占比是100%或98%，那也是不科学的，说明门店还在单线操作，完全依赖于家装市场。

如门店销售业绩连年下滑，而家装目标市场销售占比仍然维持在95%以上，在当地有工装市场需求的情况下，门店经营管理者要想办法分一些经营资源出来，用于开拓工装市场。

2. 工装年度销售占比

工装年度销售占比主要反映工装目标市场对终端门店的重要性。由于泛家居行业的发展历史沿革，工装市场对于终端门店而言，一般都是晚于家装市场启动或引起经营管理者重视的目标市场。

在门店年度销售业绩稳定不变或相对均衡的前提下，工装目标市场销售占比与家装目标市场销售占比之间是此消彼长的关系。如工装目标市场年度销售占比逐年提高，门店应加大工装市场投入与开发力度，家装目标市场则应采取保守策略。

假设门店年度销售业绩增长，门店管理者应该重点关注家装与工装目标市场年度销售占比中增长幅度较大的目标市场，并给予等比例的资源投入。

假设门店年度销售业绩下滑，两大目标市场其中之一的年度销售业绩却逆势增长，也应引起管理者的注意，管理者需要在制定下一年度工作计划时考虑如何将有限的经营资源在两大目标市场之间进行科学合理的分配。

在工装目标市场启动的第一个年度，门店管理者不应过于依赖数据的指引，因为工装目标市场从启动到收获需要一个时间过程。

十一、市场需求动态数据解读与分析

1. 新小区微观三率环比增长率

新小区微观三率环比增长率主要反映本地市场主要存量市场需求在微观层面的动态变化。

如当期新小区微观施工率环比增长，说明销售人员在该小区的营销推广工作应加强；如对比相对均衡，保持原状即可；如对比下降，应酌情减少资源投入。

2. 小区宏观三率环比增长率

小区宏观三率环比增长率主要反映本地市场主要存量市场需求在宏观层面的动态变化。

如当期小区宏观施工率环比增长，门店应加大在小区推广这一主动营销方式方面的资源投入力度；如对比均衡，则维持原状；如对比下降，应采取保守策略。

通读本节内容可以发现，数据分析不只是需要被分析的数据对象本身，还需要其他数据的辅助支持。当我们分析 A 数据时，已经做好的 B 数据有可能会成为辅助分析 A 数据的工具，以帮助我们得出一个相对科学和客观的分析结论。

另外，还有一些可以辅助我们分析数据的工具，门店之前没有做，或本章第二节没有提及，但是数据分析确有需要，那我们就应该把这些数据也一并做起来。

门店经营看似无关的两组数据，实际上很有可能存在着某种联系，只是这种联系的紧密程度不同而已。这张数据网我们织得越密越紧，对市场环境变化的识别能力就越强，对门店经营状态的诊断和测度就越科学，抵御经营风险的能力自然就越强，经营管理决策和计划的有效性自然也就越高。

第十章
单店促销活动这么做才能有业绩

第一节　单店活动策划创意大盘点
第二节　让单店活动人气爆棚不能不说的秘密

第一节
单店活动策划创意大盘点

在促销活动已经常态化的泛家居行业，促销活动这一主动营销方式是每一个终端门店都要面对的经营课题。得益于短期促销活动目标对团队的凝聚和引领，加上顾客认为促销活动等于让利的心理双重因素影响，行业大多数终端门店经营及管理者得出了这样一个共识，即做活动总比不做强。

可是当整个行业的终端门店都在做活动的时候，单纯地做活动，其成效已经越来越差。导致这一结果的根本原因不在于客户对促销活动没有感觉了，而在于行业经营方式的同质化减轻了促销活动这一经营方式对潜在顾客构成的消费心理与行为的影响。

在这一现状下，本地市场终端门店经营方式之间的竞争不再是比拼哪一家门店有没有做活动这一基础经营行为，而是上升到了比拼哪一家门店的促销活动更有质量、更有创意和更加专业。

当促销活动这一经营方式的竞争维度从基础上升到了质量之后，可以发现，在任何一个区域市场，真正能把单店促销活动做出质量的寥寥无几。就像当年行业品牌门店刚开始做促销活动时，大多数夫妻店看笑话一模一样。虽然行业在发展，但是不同发展阶段所呈现出的本地市场竞争格局和态势却有很多相似之处。

相信大多数终端门店管理者都希望能够将自己的单店促销活动做出质量，做出成效，保证己方门店在本地市场竞争中能够成为有限的"寥寥无几"中的一个。这就需要终端门店管理者具备最基本的单店促销活动从策划到组织实施，再到总结复盘的操作能力。

一场高效有质量的单店促销活动是从活动策划开始的，活动策划的成败，不但决定了活动能否对潜在客户的消费心理与行为构成刺激和影响，还决定了促销活动到底能在多大的范围内，对多少潜在顾客构成影响，即活动的影响力和自传播能力。

业内单店活动策划主要包括活动主题、活动时间、活动地点、活动参与人群和活动激励等内容。

由于消费者权益日、劳动节和国庆节这三个主干节日的促销活动都是由厂商与终端门店联合举办或本地市场联盟联动举办，不需要门店自主策划，故将它们直接省略。

一、活动主题

活动主题是一场促销活动的核心主张和价值诉求,即告诉潜在顾客为什么要举办这次促销活动。好的促销活动主题能够激发起潜在顾客的兴趣,让其有意愿进一步了解具体内容。同时,好的活动主题也更具公信力,避免给客户营造出为了活动而活动的感觉。

所谓的活动主题公信力是指顾客认为这个活动的核心主张和价值诉求成立,活动主题与活动本身能够很好地自洽。否则,顾客很有可能就会认为是一个噱头,类似情况在活动主题设计时应极力避免发生。

按照促销活动实施的时间段不同,一般可供选择的活动主题也不尽相同。

1. 春节假期后开业——消费者权益日促销活动前

① 主题1:"开门红——红到家"
② 主题2:"开业大促——礼惠全城"
③ 主题3:"开业大酬宾——只等你来/有胆你就来"
④ 主题4:"春风行动——巨惠全城"
⑤ 主题5:"开门红"

如果你正在策划一场春节假期后的开工促销活动,在以上5个主题中,请问你会选择哪一个?以上都是在终端门店开工促销活动中曾经出现过的活动主题。

但是正所谓没有对比就没有伤害,通过对比我们会发现,"主题3"用词传统守旧,"主题4"的主题与促销活动时间背景紧密度不高,影响活动的公信力。因为"春风行动"在潜在顾客看来,和活动本身并无明显关联。

应用"主题5"的终端门店较多,但是好像整个活动主题太单薄了一点,明显缺少一种气势。推荐大家选择"主题1""主题2"或与之相类似的主题作为春节开业后首场单店促销活动的主题。

2. 六月份

6月份是行业传统的淡季,也是比较适合策划实施单店促销活动的时间。

① 主题1:"嗨购'6·18'——把爱带回家!"
② 主题2:"6月大促——折扣豪礼送不停!"
③ 主题3:"优惠不能等——豪礼送不停!"

④ 主题 4："巨惠'6·18'——豪礼送不停！"

如果你准备在 6 月份策划一场单店促销活动，你可能会选择以上哪些主题？应该不会选择"主题 2"或"主题 3"吧。"主题 3"明显有些无厘头，缺乏公信力；"主题 2"略显平庸，毫无气势可言。

"6·18"已经被互联网平台企业宣传得很到位了，已经和促销活动有了密不可分的联系。类似这种情况，我们直接按照"拿来主义"方式处理即可。

3. 七月~八月份

① 主题 1："清凉一夏，巨惠全城！"
② 主题 2："巨惠今夏，豪礼送不停！"
③ 主题 3："夏季感恩回馈，豪礼送不停！"
④ 主题 4："6 周年店庆，感恩回馈，感谢有您！"
⑤ 主题 5："公司 12 周年庆贺，全国感恩答谢！"

7 月份和 8 月份的单店促销活动，建议选择与店庆或厂庆相关的主题。与夏季相关或无厘头的活动主题，其公信力与可信度一般都不高，不建议选择。

4. 十一月~十二月份

11 月份或 12 月份的活动，目前业内大部分终端门店都能做到活动主题与"双十一"或"双十二"相关，继续坚持即可，毕竟"双十一"与"双十二"的促销概念几乎已经完成了全民推广。

5. 一月份

① 主题 1："迎新年，送豪礼！"
② 主题 2："巨划算，六大礼遇陪你跨年！"
③ 主题 3："疯狂让利，只为年度返利！"
④ 主题 4："为了完成任务，我们拼了！"
⑤ 主题 5："为冲量，狂让利！"

"主题 1"平淡无奇；"主题 2"比较常规，公信力不强；"主题 4"给人的感觉就很假，公信力也不高；对比发现，"主题 3"和"主题 5"无论是公信力，还是语感气势方面都很不错。

除了上述常规时段的活动外，门店还可以根据本地市场实际情况策划专题性活动，如针对某个集中交房的小区策划一场专题活动。类似这种专题性活动，其主题一般都比较容易设计，如"××小区——团购惠""庆××小区交房——购实惠"。

二、活动时间

单店促销活动时间设计可以分为活动持续时间设计和活动爆破时间设计。

1. 活动持续时间设计

活动持续时间是指从活动正式启动到活动爆破当天所经历的时间。单店活动持续时间最短为1周，最长为2周。时间过短，可能导致蓄客不足；时间过长，可能导致团队和客户懈怠。

2. 活动爆破时间设计

活动爆破时间实际上就是活动正式落地时间，也可以理解为客户集中签单、享受各项活动让利和优惠的时间。

单店活动爆破时间仅能选择一天，而且建议选择周日。

把活动爆破时间安排在晚上的做法，属于非主流操作方式，应慎重选择。

三、活动地点

单店活动的地点，原则上都应选择在己方门店组织实施。但在己方门店较小，预期参与活动的潜在顾客较多时，应对门店的经营面积进行临时拓展。

沿街店比较容易实施，直接在店外搭建帐篷即可。这样，不但临时拓展了门店的经营面积，还增强了店外的活动氛围，可谓一举两得。

封闭式商场店实施起来会有些麻烦，通常店外很难有直接空间可以拓展。这种情况下有两种解决方案：第一种方案是与商场方沟通，看能否在店面所在楼层的中岛或楼梯口临时搭建帐篷，一般商场都会支持；第二种方案是临时租用场地，不过这种方式会增加单店促销活动的投入成本，需要有较大的把握才可以。

四、活动参与人群

在淡季策划促销活动时，如果预期到场客户不多，担心人气不足，可以邀请一些老客户中的活跃派和赋闲派来捧场，尤其是店庆和厂庆的主题促销活动。老客户到场不但增加了人气，还直线拉升了活动的公信力。毕竟感恩也好，答谢也罢，实质上不只是包括潜在客户，还包括老客户，甚至老客户才应该是重点。

门店为每位老客户准备一份薄礼，该实现的目的都实现了，这不是很好吗？而且很多活跃派回去之后，还会在人际圈中做广告和宣传，那就更加值得了。

如预期潜在顾客人数足够，就没必要多此一举，具体要根据活动策划当时的实际情况灵活定夺。

五、活动激励

活动激励通常也被理解为活动内容，是指用以激励客户产生购买兴趣并做出购买决策的一系列优惠措施。活动激励主要包括礼赠、定金增值、折扣、特价和抽奖。

1. 礼赠

礼赠主要包括进店礼和满额礼。进店礼属于无条件礼赠，满额礼属于条件礼赠。

（1）进店礼

进店礼的包装一定要精美，成本一定要低廉。举办店庆和厂庆主题的单店促销活动时，门店最好能专门找厂家定制一批，这样可以将"6周年店庆纪念"或"厂庆16周年纪念"等类似的文字内容印刷在礼品的外包装上。试问，如此一来，你的单店促销活动公信力是不是又提高了几分？

（2）满额礼

满额礼一定要选择品牌产品，最好是大众耳熟能详的品牌，或新居必须要用到的物品。如果想要更有创意一点儿，也可以效法进店礼，专门定制一些可以包装大件商品的礼品包装材料，也将厂庆或店庆相关的内容附在上面。

然后将这些准备好的包装材料交给你的礼品供应商，并阐述需求和价格预算，让其随机包装，最终形成"神秘礼盒"。在开封之前，你也不知道里面装的具体是什么商品。这样可以为整个促销活动增加一些神秘色彩和乐趣。

2. 定金增值

当前，在定金增值方面，业内终端门店普遍的做法是定金翻倍，如预交200元抵400元，明显有些缺乏创意。正确的做法是预交200元最高抵1000元。

可抵金额需要对客户的消费额度范围或消费产品范围做出限定，最多为1000元，第二级是800元，第三级是600元，逐级扩大范围，降低条件，直到降至400元为止。

如此一来，宣传内容看上去更加有吸引力，更容易激发起客户进一步了解活动内容的意愿和兴趣。

3. 折扣

如果折扣仅有正常力度，明显还与大多数业内其他终端门店一样，属于同质化竞争。为了提高单店促销活动折扣设计的科学性，我们在正常折扣的基础上，还可以设置条件折扣。

第一种条件折扣是建立在客户实际订单消费额度或实际产品消费数量基础之上的，即从客户消费规模维度设计条件折扣。如达到一定消费额度或消费数量，折扣继续增加。这样对那些需求量大或高净值的潜在客户群体能够产生额外激励，让这一部分客户感受到自己被重视和区别对待。

第二种条件折扣是建立在客户的购买方式基础之上的，如意向客户自带一个潜在客户，在活动当天二者均成交的前提下，同时享受一个比正常折扣更高的折扣；如带了两个潜在客户且同时成交，则三者同时享受一个比二者同时购买更有力度的折扣。

第二种条件折扣可以推动那些想要以更高折扣成交的意向客户自发组队参加活动，选购产品，尤其适用于那些社区关系链比较紧密、互动频繁的本地微观目标市场，如回迁房、安置房或单位集体住房小区。

4. 特价

特价产品应设置限定条件。首先是数量限制，如规定单个业主特价产品的购买数量上限；其次是付款方式规定，如规定必须全款或90%以上订单金额的付款；最后是时间的规定，如规定特价产品的实际交付必须在某一时间点之前完成。

通过全方面的特价产品条件限制，来体现特价产品的稀缺程度，以凸显活动公信力。

当然这一切，都是建立在特价产品的价格力度一步到位的基础之上，并且要想办法让客户能够感受到这种力度。否则，特价产品在促销活动过程中只是扮演了一个证明宣传资料上的低价位产品确实存在的角色，并不会对活动成效产生更大的助推和影响。

5. 抽奖

单店活动一般不建议设置抽奖。因为抽奖在任何时候，都是一个令少数人开心，多数人沮丧的游戏。

活动策划是一项非常讲究创新、变化的工作。如终端门店管理者认为自己的创意比较少，也可以选择发动门店团队共创的方式，借助群体智慧弥补个人思维想象的局限；也可以选择向同行或厂商相关专业人员请教，获取单店促销活动相关的做法和动态，请求他们给出建议。

但是，活动策划的亲自实践仍然是摆在大多数行业终端门店管理者面前的一个严峻问题。有很多终端门店管理者，还没有亲自策划过单店促销活动，其中有些是不敢实践，怕承担责任，怕出丑，怕搞砸了；有些是没有机会亲自实践。

不敢实践的管理者应打开心理枷锁，没有哪个人能保证自己策划的活动百分之百成功。如果实在压力太大，可以选择从策划淡季的活动开始，即便失败，也不会有太大损失。

没有机会实践的管理者，要先主动参与每一次单店活动的策划过程，向你所在的终端门店经营者展示出你具备策划一场活动的能力。甚至在淡季时，可以主动请缨，表现得自信一点，一般终端经营者都会给机会。

只有你亲自去实践，才能谈得上熟悉和理解，才能慢慢具备策划单店促销活动的基本能力。所有的创意和单店促销活动的新式做法，也都是建立在这种基本能力之上的。

第二节
让单店活动人气爆棚不能不说的秘密

如果说单店活动的策划讲求的是创新和谋划，那么单店活动的组织和实施靠的就是建立在专业基础之上的执行了。这里的专业是指终端门店管理者可以对活动的全过程进行有效的管理和控制，促使促销活动各项工作向组织预期的方向发展，直到实现单店促销活动的预期目的。否则，单店促销活动就毫无意义。

单店促销活动的过程控制主要可分为活动宣传与邀约、现场布置、客群分类与控制和爆破现场控制。

一、活动宣传与邀约

活动宣传的主要目的是让更多具有潜在需求的客户知晓门店正在举办促销活动的信息，吸引更多的潜在客户关注并到店了解活动信息。实际上就是单店促销活动的引流。

1. 单页宣传

宣传单页是一种比较传统的促销活动宣传媒介和工具,可以说是每次促销活动必做的宣传资料。但是在不同的区域市场,其作用与功效的差距已经越来越大,要根据其预期价值,适当控制数量,避免浪费。

单页的设计和制作也是一个很讲究创意的工作。低质量的单页平面设计不但会让单页缺乏吸引力,而且还会拉低门店和品牌的形象,需要终端门店管理者严格把关。

海量散发的单页一般效度都比较低,因此不建议在这方面浪费人力物力,主要还是针对有潜在需求的客户精准宣传比较好。

2. 自媒体宣传

社交软件平面宣传需要用到电子版的宣传单页,通常直接将纸质平面单页的设计排版源文件以图片格式导出即可。如果效果不理想,也可以专门设计制作适合自媒体宣传的电子版文件和资料。

社交软件平面宣传,销售人员不但可以在自己的社交账号上宣传,还可以请求客户和业内人脉资源关系共同帮忙转发。

社交软件和短视频自媒体立体宣传,需要终端门店管理者组织门店团队策划制作用于活动立体宣传的短视频。

社交软件和短视频自媒体的立体宣传,可以选择个人加团队分工的形式共同完成。社交软件的短视频立体宣传由个人自行完成;短视频自媒体的宣传,门店管理者可以将其分配给那些积极活跃且精通短视频制作的销售人员。

3. 宣传车宣传

在一些四线以下城市、县城或乡镇,如果条件允许,也可以选择用宣传车进行活动宣传。实质上,宣传车不只是在宣传活动信息,同时也是在宣传品牌,提升品牌在当地市场的知名度。

4. 老客户宣传

可以要求门店销售人员发动老客户帮忙宣传,既可以选择平面宣传与立体宣传的扩散性宣传,也可以选择针对老客户认为的确有需求的潜在客户的精准宣传。销售人员不能半强制性地要求老客户一定要转发活动宣传信息或视频,避免引起一部分老客户的反感。

5. 业内宣传

门店所有人员都要动用业内的人脉资源，想办法让对方帮忙宣传。如各工种装修师傅、送货师傅、项目经理和设计师等。

6. 异业联盟宣传

门店在本地市场有正式或非正式联盟组织的，还可以要求合作门店帮忙宣传或临时借用对方的优势地理位置进行活动宣传。

7. 人员地推宣传

销售人员可以深入小区、自建房工地等本地微观目标市场，进行精准地面宣传和推广。

8. 本地广播

本地电台广播也是一个不错的活动宣传渠道，但要充分评估成本与回报是否合理。

9. 电话邀约

电话邀约主要是邀请具有潜在需求的客户参与活动，这也是单店活动较为重要的一种引流方式，其重点是潜在客户资源的数量和质量。

二、现场布置

有些终端门店在实施单店促销活动过程中，为了省事，只是简单布置一下店面，有的甚至干脆就不布置。这些都是非专业的体现，也是己方单店活动陷入同质化竞争的根本原因。

如果不能让客户感受到活动和非活动之间的差异，那么客户又有什么理由相信我们确实是认真在做活动呢？连我们自己都没有对活动有足够的重视，又有什么理由来要求客户重视呢？活动现场的布置，实质上完全可以理解为对活动公信力的塑造。现场布置主要分为店内布置和店外布置。

1. 店内布置

店内布置主要可以分为三个空间维度，即顶部、立面和地面。

（1）顶部布置

顶部布置主要可以选择的物料是吊旗和气球，最好是选择专门定制的印有能够体现活动主题相关文字内容的吊旗，吊旗在活动启动时就应该布置起来，气球可以选择活动爆破前一天布置。

（2）立面布置

立面布置可选择的物料主要有样品挂角、彩带、蝴蝶结、惊爆贴、条幅、KT板和V型立柱，具体应根据店面的内部建筑结构和所经营的产品品类灵活选择，组合搭配。

立面在活动启动后即可布置，X展架和易拉宝这种稳定性较差的物料不建议使用。

（3）地面布置

地面布置可选择的物料主要有地贴、礼品堆头和礼花碎片。

地贴在活动启动时即可张贴，但不应选择背胶粘贴的方式，否则后续清理成本很高；应选择不带背胶的喷绘写真，再以透明胶布辅助粘贴。

礼品堆头在活动启动时就应堆放在门店显眼位置。礼花碎片应在活动爆破当天喷洒。

无论任何时候，三个空间维度的布置都不建议用活动宣传单页折叠、堆砌各种造型，以显示所谓创意。

店内布置能做到三个空间全部覆盖，基本上也就够用了。建议单店促销活动店内布置可以标准化，即每次都选择同样的物料、同样的方式布置，这样可以便于集中批量采购物料，降低成本。

2. 店外布置

店外布置可选择的物料主要有地贴、彩旗、花框、气拱门、地毯、帐篷和音响设备。

地贴可以在活动启动时与室内地贴同步张贴。彩旗、花框、气拱门、地毯、帐篷和音响在活动爆破当天布置即可。在一些不允许架设气拱门的本地市场，可选择花框、花束替代。

如果是商场店或市场店，店外布置的可选物料和空间受限，应着重强化门店内部的布置。如果是沿街店，应做到内外平衡。

三、客群分类与控制

为了精准控制活动过程，体现门店管理者的单店活动操作水准，在活动推进过程中，需要对有意向参与活动的客户进行精准分类，具体可分为已成交客户、高成熟度客户、一般成熟度客户和低成熟度客户。

1. 已成交客户

已成交客户是指活动启动后到活动爆破前一天这段时间已经按照活动优惠完成签单的客户。由于一些意向客户在活动推进过程中，已经表现出了明确的购买意向，没必要再等到活动爆破当天签单，应尽早完成签单，避免增加不确定的客户流失风险，并且这些已成交客户对己方组织还有其他方面的价值。

已成交客户在成交后，销售人员应告知对方，活动当天还需要对方过来走个签单形式，顺便把礼品带走。

2. 高成熟度客户

高成熟度客户是指那些确有产品需求，详细了解过己方的品牌和产品，且在本地市场上进行了全面的综合对比之后，仍然表现出了购买意向的客户。

3. 一般成熟度客户

一般成熟度客户是指确有产品需求，详细了解过己方的品牌和产品，且在本地市场进行了简单的对比，未表现出明显的购买意向，但也表示活动当天如有时间会来看一下的客户。

4. 低成熟度客户

低成熟度客户是指那些简单了解或从未了解过己方品牌和产品，且没有在本地市场进行过对比的客户。

整个单店促销活动的推进，实际上不可避免地会遇到以上这四类客户。如果我们能保证高成熟度客户和一般成熟度客户数量占比较高，那活动结果自然不会太差。

将低成熟度客户转化为一般成熟度客户的核心策略是引导这些客户到当地市场与同类竞争对手对比，收集市场信息，否则他们自然感受不到活动的力度和不同门店之间的产品、品牌与服务差异。这时候，你想让他们做出购买己方产品的决定，似乎有点难。

将一般成熟度客户转化为高成熟度的客户需采用双管齐下的策略。一方面要引导客户在本地市场进行更大范围的信息收集和同类竞品对比；另外一方面，不断强化己方的品牌和产品优势，强调本次促销活动的力度。客户之所以瞻前顾后，犹豫徘徊，就是因为了解的信息还不够多，对品牌或产品的理解还不够深入。

至于高成熟度客户转化为已成交客户，则不需要任何策略，顺其自然就好。如果对客户购买意向程度判断不敏感，在转化之前，可以选择试探的方式,根据客户的反应决定要不要提前转化。

一场单店促销活动的订单绝大部分都是来自已成交客户和高成熟度客户,只有一少部分订单来自一般成熟度客户,而来自低成熟度客户的订单则可以忽略不计。这是不同类型客户对活动的意义。

而不同类型客户的价值和作用在于,活动爆破当天已成交客户的签单行为对高成熟度客户会产生重要影响,可以让高成熟度客户放下最后一丝顾虑,做出购买决定。

在已成交客户做出签单动作时,一般成熟度客户通常仍然会心存顾虑,没有十足的底气做出购买决定。但是当高成熟度客户也做出购买决策,选择跟进签单时,一般成熟度客户中的一部分客户就会被这种形势影响,选择跟进,做出购买决定。这也是群体购买行为相互影响的必然结果。

至于低成熟度的客户,是选择围观,还是选择跟进,已经并不重要,因为这一群体在现场助涨人气的价值往往大于实际签单的价值。如有幸能够转化,那可以理解为意外收获。

为了能够更加形象地说明不同类别客户在单店促销活动中的作用和对活动的意义,特地采取图例的方式加以说明(图10-1)。

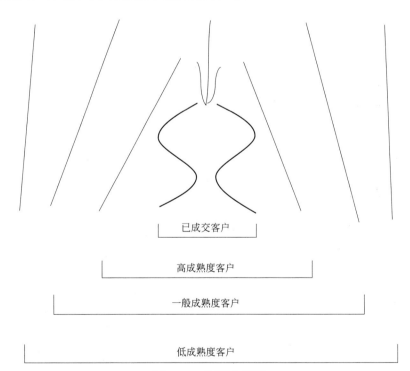

图 10-1 客群分类图

假设图10-1中的已成交客户是一团火苗，高成熟度客户是干材，一般成熟度客户是半干材，低成熟度客户是湿材，则率先被引燃或容易被引燃的一定是干材，有了底火和火势后半干材才容易引燃或具备被引燃的可能，湿材能否被引燃主要取决于火势和湿材本身的湿度。实际上在终端单店活动实操中，那些抱着肩膀看热闹或简单了解下活动信息就离店的客户多半都是湿材。

掌握了基本的客户分类概念以及其在活动过程中的意义和价值后，我们就可以知道如何在活动推进过程中做出具体部署和筹划。

如我们一定要做好已成交客户的思想工作，保证他们在活动爆破当天可以来签单。并且按照经验，一般单店活动爆破当天上午和下午分别有两次小高峰，最好能安排已成交客户在这两个时间段出现。

而且因为分了上午、下午，已成交客户如果仅有1位的话，明显还不够，还需要在高成熟度客户中找目标，争取已成交客户的数量能够满足基本需要。

解决数量问题的同时，还要想办法将已成交客户分成两批。一批满足上午高峰期的需要，另一批满足下午高峰期的需要。如果已成交客户数量确实不足，可以通过高成熟度客户来进行调节。如已成交客户仅有1位，只能满足活动爆破当天上午高峰期的需要，那么就想办法引导一些高成熟度客户下午来店参与活动。

这都是具体执行过程中要注意的细节。如果细节都做到位了，自然也就具备专业水准了。

终端门店管理者在活动推进过程中，要及时分析参与活动的不同类别意向客户的分布和占比，发现比例不合理时，应及时引导团队采取措施，想方设法将意向客户的比例分布调整到一个相对合理或有质量的程度。

四、爆破现场控制

活动爆破当天的现场控制，实际上主要是对人气和成交氛围的控制。如果能紧紧抓住这两大核心点，活动现场气氛在同等条件下就都能够得到保障。

1. 爆破现场人气控制

爆破现场人气控制的核心是对现场人数的计划和控制。

（1）提前控制

如果邀请了老客户参与活动，调动活动爆破现场气氛，应该将老客户分成两批，上午尽可能安排一些年龄偏大的老客户，下午则与之相反。一定要给老客户一个明确的时间，避免老客户在非高峰时间段到店而减少活动爆破现场人气。

(2) 过程控制

终端门店管理者可以在活动爆破当天的早会上，告诉销售人员，当爆破现场客户数量不多时，不要急着送走完成签单的客户，可以想办法多跟他聊上几句，通过延长客户在店时间的方式，来维持活动爆破现场的人气。

2. 成交氛围控制

成交氛围控制的核心是成交节奏的把握和趁热打铁似的氛围渲染。

为了实现对成交氛围进行渲染的目的，在活动爆破当天，应专门安排一人担任活动爆破现场的主持人，同时这个主持人也是"唱单人"。主持人肩负着维持活动现场秩序和唱单的双重职能。

上文提到过，参与活动的不同类别意向客户在活动爆破现场，会有不同的意义与价值，如已成交客户对高成熟度客户的影响，高成熟度客户群体的行为对一般成熟度客户的影响等。

可是由于有些门店的单店面积较大，当天在活动爆破现场的客户未必总是处于集中状态，一旦客户之间呈现出分散的状态，客户群体之间相互影响的效力就会降低。

这时，如果能有一个唱单人及时将活动爆破现场的成交结果以一种极富感染力的方式传达给所有在场客户，一定程度上就可以化解爆破现场客户分散导致的相互影响效力降低的问题。

另外，最好能设置一组音效较好的音响设备，这样会更有利于唱单人渲染成交氛围。通常唱单人在宣布成交结果时，要将业主的具体地址报出来，这样会更加真实，如"感谢××小区×号楼业主刘女士选择××产品，眼光非常棒，这是一款刚刚上市的产品……"

通过唱单人的氛围渲染，最早一批成交客户的签单信息可以及时传达给其他在场客户，对其他客户的购买心理和行为产生积极的影响。

五、活动总结和复盘

为了在实践中日渐精进，在单店活动结束后，门店管理者应及时召开单店促销活动总结会，总结成功经验，吸取教训。关于单店促销活动总结会，门店管理者应重点关注四个方面，分别是活动引流成效、不同类别客户的管理与控制、活动现场人气控制和活动现场成交氛围控制。

1. 活动引流成效

活动引流成效主要关注活动宣传与邀约的渠道和方式，如哪些渠道和方式引入的客户数量更多、质量更佳、成交率更高，以便于在后续单店活动中合理规划和选择宣传渠道和方式。

2. 不同类别客户的管理与控制

不同类别客户的管理与控制主要是审慎评估活动前对不同类别客户的定义和分类是否精准，不同类别客户在活动中的实际转化效率如何。如发现高成熟度客户转化率很低，那有可能存在几个方面的原因：一个原因是己方对高成熟度客户的判断还不够精准，把一些本应属于一般成熟度的客户定义成了高成熟度客户；另外一个原因是活动现场人气与成交氛围控制不佳；还有一个原因是两者兼而有之。

对于已成交客户群体的有效利用，也是需要重点分析和回顾的问题，如时间点的把握、数量的储备、高峰期的匹配与实际活动的需求等。

3. 活动现场人气控制

活动现场人气控制主要包括总结分析老客户和己方团队对活动人气影响是否产生了积极的作用，哪些细节方面还存在着不足。

如总结过程中发现老客户来去匆匆，很少在店内停留，那就要想办法设计一个让老客户愿意在爆破现场停留的理由。

如总结过程中发现己方销售人员在签单后，想要延迟客户离店时间，但又不知道与客户聊什么，那就需要后续加强这方面的技能培训，增加这一方面的实践训练。

4. 活动现场成交氛围控制

活动现场成交氛围的控制主要总结分析主持人的人选是否合适，其是否能调节助推活动爆破现场的氛围，唱单内容、语音语气、节奏把握等细节方面还有哪些不足，如何在下一次活动中提高等。

经验匮乏的门店管理者可以提前将要总结和回顾的关键事项整理成表，以结构化的方式进行会议总结，这样不但容易总结出会议成果，还不至于遗漏关键内容。

单店促销活动的策划和组织实施，既是一种实践性较强的终端门店经营管理活动，也是一种需要一定时间沉淀才能慢慢掌握其中的技巧和精髓的管理活动。很多没有实际策划和组织实施过单店促销活动的门店管理人员总认为自己经常做的事情很简单，但是当真正把全流程都交给你的时候，你就会发现，原来策划组织一场单店活动，尤其是策划组织一场非同质化的、有质量的单店活动，也绝非易事。

因此，如果你确实想把这个技能短板补齐，建议先从独立的活动策划开始，再到主导活动操作与实施，直到全面统筹活动策划与组织实施，给自己一个容易接受的成长过程。从全面统筹活动策划与实施开始，在每一次活动之后，进行总结和提升，确保自己在单店促销活动方面的操作能力能够日渐精进。

第十一章
泛家居行业终端新零售的破局之道

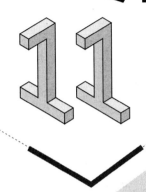

第一节 泛家居行业终端门店的360°引流
第二节 泛家居行业终端的全渠道运营指南

第一节
泛家居行业终端门店的 360° 引流

近几年,泛家居行业的终端零售商场和市场越开越多,尤其是全国性的中高端家居建材连锁商场,基本已经完成了在全国主流市场的跑马圈地和优势区位占位。其导致的直接结果是在大部分区域市场,本地家居建材商场、市场、家居建材经营集中街道及由其共同构成的商圈呈现出多元竞争的局面,产生了一定的客群分流现象。

另一方面,选择通过电子商务平台购买家居建材的新生代消费者越来越多,尤其是软装类和成品家具类的产品,这些产品相对不需要过多的技术介入,消费者就可以轻松使用。

加之精装房在全国范围的推广,严重挤压了家装目标市场的需求规模。在几种主力因素相互作用和影响下,现阶段的泛家居行业终端门店不得不面对一个严峻的问题,那就是需求大幅减少后的门店经营,路在何方?

在"客流量×成交率=业绩"这一公式成立,且成交率相对稳定的前提下,我们要想提升业绩,一共有三种策略。

第一种策略是在客流量既定的情况下提高成交率,不过这种方式通常难度较大,而且会遇到瓶颈;第二种策略是在成交率既定的情况下,提高客流量,这种策略的难度要远远低于提高成交率,且不容易在短时间内陷入瓶颈;第三种策略是同时提高客流量和成交率,这是最理想的提高业绩的方式,也是难度系数最高的策略。

在大多数终端门店,还是建议先从提高客流量开始。成交率虽然也要提高,但是这种提高是一个持久战,非一朝一夕可以做到。影响成交率的因素并非只是销售团队以及其掌握的销售技能,还有一些是门店团队无法左右的因素,如品牌或价格因素等等。

当我们已经确定通过提高客流量的方式来提高门店销售业绩时,接下来要面对的就是如何提高客流量的问题,即如何为门店引流。泛家居行业终端门店的引流主要可分为线下引流和线上引流。

一、线下引流

线下引流是指选择与互联网不相关的传统线下推广和运营方式,作为提高门店客流量的手段。其效率相比线上引流要低一些，但其引入的客户质量在现阶段，仍然要高于线上引流。

1. 门店引流

门店引流仅适合那些希望通过提高己方门店在本地家居建材市场商圈中的吸引力，来实现超过本地市场平均客流量目的的门店。通俗一点说，门店引流是建立在有目的地用心为之基础之上的，否则就是自然进店。所谓的"引"，就是超越一般水平的自然进店。

门店引流的核心是打造门店吸引力，塑造门店的差异化，具体可分为视觉传达和听觉传达。

（1）视觉传达

视觉传达主要是通过店外环境管理和布置来实现，如保持环境卫生，拱门、花框或花束的摆放等，前文已有过论述。

（2）听觉传达

听觉传达主要是通过播放店外音乐的方式来吸引过往潜在客户注意，一般适合沿街门店。

无论是视觉传达还是听觉传达，利用好这些手段就可以实现引流的目的，但是如果利用不好或基础不过关，会形成"斥流现象"。如店外环境脏乱差会把很多潜在客户拒之门外，店外音乐的播放声音大到成为噪声时，会让潜在客户唯恐避之不及。

引流的目的能否实现暂且不说，"斥流现象"是绝对不能发生的，这种负引流效应，必须引起门店管理者足够的重视，尤其是那些刚刚走向终端门店管理岗位的管理者。

2. 电话营销

电话营销的引流成效主要取决于潜在客户资源质量和销售人员的销售话术。客户资源质量主要讲求的是新鲜度，如果一个业主的电话号码被打了5～6次，那么效果最有保证的肯定是前面的2～3次。

销售话术的强化，可以选择以培训为基础，以标准化的参考话术为工具两相结合的方式进行。

电话营销引流的特别设计是，在门店团队中找一个最适合做电话营销的人，把所有资源都交给他，针对他的电话营销引流成果进行特别考核。理论上，绝大部分门店都不存在所有团队成员都擅长电话营销的情况。即便有，擅长程度最高的那个人与擅长程度最低的那个人在引流效率方面的表现，也会差距巨大。

另外，针对电话营销加工过的信息资源，要建立电话营销资源库，要阶段性地重点关注那些当前阶段没有需求，但是未来一段时间可能有需求或一定有需求的潜在客户，对整个电话营销资源库进行阶段盘点。

否则，打完电话之后随意丢弃通讯录，就是对资源的严重浪费，也是限制电话营销引流手段效率的直接原因。试想，你如果连资源都没有，还如何引流，这与直接放弃电话营销引流方式已经没有太大差别了。

3. 地面人员推广

地面人员推广主要是通过小区推广、自建房工地走访的方式，来实现引流目的。地面人员推广经常出现的一个误区是，销售人员只"引"业主，不"引"师傅。正确的做法是，应该业主和师傅一起"引"。引业主是直接引，引师傅是间接引，师傅引得多了，很大程度上也能带动客流量的提升。

每一个专职的装修师傅，每年起码要在七八个工地工作。但是一个销售人员，不可能把这个师傅工作过的七八个工地全部走访到。销售人员可以把他引到门店，热情地接待他，让他多了解一些品牌和产品信息，总是会有签单机会的。否则，如果只是加个好友，不久就会"相忘于江湖"。

门店管理者在安排地面人员推广时，还应该澄清这样一个概念：他们的首要目标是把潜在客户拉到店里来，给客户和己方一个相互了解的机会，而不是和客户讨论更加全面的有关购买与服务的细节。

4. 异业联盟资源共享

异业联盟资源共享的引流方式，是现阶段行业线下引流方式中成本最低、效率最高的一种。但是由于合作门店之间的资源价值无法准确度量和评估，这一引流方式在大多数终端门店中并未被大范围和高效率地运用。

若想充分利用异业联盟资源共享这一渠道来实现门店引流，门店管理者要始终保持主动输出的心态，即在输出的客户资源不会对门店的实际经营成果构成风险的前提下，主动要求团队向其他合作门店输出客户资源。

己方持续主动输出的行为，几乎不会换来合作门店的无动于衷。当然，如果真有无动于衷的门店，我们完全可以切换主动输出的目标。虽然不能做到绝对的客户资源价值对等，但是相对的客户资源价值对等，每一个终端门店管理者还都能做到心中有数。

如果门店在本地市场没有加入任何异业联盟组织，门店管理者也可以选择几个与己方门店契合度较高的异业门店经常交流互动，组织起一个有实无名的非正式联盟组织，可鼓励己方门店团队与合作门店的团队私下里多接触。这种没有正式联盟框架约束的虚拟组织，虽然不像正式的联盟组织对接那样直接高效，但总胜过放弃不用。

5. 本地市场广告宣传引流

本地小区广告、本地户外广告和本地广播电台广告，在成本不高的前提下，也可以进行适当的投入。不过这种广告宣传的收益一般很难准确计算，为评估其投入产出比带来很大的障碍。

通常在门店有足够的人员配置，小区推广有人员支撑的情况下，没必要做小区广告，可以适当考虑一下本地电台广播广告。若非厂商强制要求，原则上不建议做本地户外广告。

一些新小区的客户在阳台挂的条幅、客户正在施工的入户门包覆的免费广告，可以适当做一做。

6. 客户转介绍

客户转介绍是任何业内终端门店都可以充分利用的引流渠道，而且门槛真的不高。如果一定要强调准入条件的话，那就是客户平均满意度水平不能太低，同时，己方门店销售团队要具备一定的主动意识。

通过老客户转介绍为门店引流，客户满意度是基础，老客户管理与维护是常态，把这两项工作做实、做充分之后，老客户自然就能为门店引流贡献一份力量。

我们不仅仅可以要求老客户帮我们转介绍，甚至可以要求尚未成交的客户即意向客户和潜在客户帮我们转介绍。客户转介绍不分新老，只要我们认为客户具备这样的条件和能力，就可以去争取。如果我们没有主动要求意向或潜在客户帮我们转介绍，对方自然也不会主动往这方面想。

7. 业内人际资源转介绍

设计师、装修师傅、送货师傅、业内水电管线的经营者等，凡是与家庭装修相关的从业人员，门店对接得越多越好。

需重点对接的装修师傅是水电工、泥瓦工和木工这三个工种。其中木工比较适合直接对接，泥瓦工比较适合间接对接，水电工视情况而定。所谓直接对接，就是通过自我介绍的方式，直接亮明身份，表示出合作和交往意愿。

所谓间接对接，就是通过其他师傅来深入接触。大多数泥瓦工，用直接对接的方式，很难深入接触，但是如果通过某个水电工或木工接触，很可能一下子就把关系拉近了。

需重点对接的送货师傅是水泥和黄沙的专职送货师傅，这个最好由门店管理者亲自对接并建立起情感和合作关系。

二、线上引流

线上引流是指选择以互联网为基础的或与互联网相关的渠道和媒介，通过有目的的宣传与推广，来提高门店客流量的方式。线上引流将是行业终端门店未来在门店引流方式上的发展趋势，终端门店管理者要早做布局，抢先占位。

1. 搜索引擎问题回复引流

搜索引擎问题回复引流主要是通过搜索引擎回答提问的方式来实现的。如我们可以在百度搜索如下问题，"某某县卖瓷砖的在哪里啊？""某某市橱柜专卖店主要集中在哪里啊？""某某地有铝合金门窗专卖店吗？"等。

如果相关问题或关键词可以搜索出来，就证明以前有消费者在网上问过类似问题。如果刚好是和己方门店所售产品相关，我们就可以在问题下方回答对方："您好，很高兴为您解答！××县橱柜专卖店主要集中在××市场周边/××街，我们就是专门销售橱柜的品牌专卖店；××橱柜，全国一线品牌……店面地址：××街×××号。"

如果没有搜索引擎平台账号，在回复问题时要先注册账号，不过这个比较简单，按提示操作就可以了。

搜索引擎问题回复引流是一个低成本、高效率的引流方式，建议终端门店管理者尽早利用起来。

2. 地图标注引流

地图标注引流主要是通过在各类主流地图应用平台上，将己方门店位置进行标注，以提高门店和品牌曝光率，进而实现增加客流量目的的引流方式。

地图标注的具体操作流程，可在网上自行搜索相关教程。平时不装修的话，消费者很少关注家居建材市场，当装修时想去逛一逛的话，自然不像去百货商场和超市那般熟悉。车载地图导航和手机地图应用软件，都是必不可少的交通导航应用工具。如果己方门店能够出现在本地家居建材商圈范围内的地图上，自然就会增加被动曝光的机会。

3. 本地网站论坛引流

本地网站论坛引流是通过在本地市场最具人气的网站或论坛上发帖或做广告的方式，来增加门店客流量的引流方式。本地网站论坛引流的具体操作分为两个方向，第一个方向是在装修版块发布与装修相关的帖子，通过与网友互动的方式来实现主动引流；第二个方向是通过在网站或论坛的家居装修版块发布广告的方式，提高品牌和门店在本地市场的曝光率，实现被动引流。

由于区域市场互联网的群众基础和发展程度存在差异，本地网站论坛引流方式仅适用于少部分区域市场。如本地市场互联网群众基础很强，且本地市场有人气较为火爆的本地生活网站或论坛，在满足这两个条件的情况下，可以尝试启动本地网站论坛引流的方式。

4. 社交软件引流

社交软件引流是指通过利用社交软件的群组、自媒体等人群聚合平台来增加门店和品牌曝光率，提高门店客流量的引流方式。常见的操作方式主要是社交群组引流和社交自媒体引流。

（1）社交群组引流

为了方便联系，一般新小区的业主们都会建立各种各样的社交群组，如QQ群或微信群。如果我们能加入其中，就具备了和潜在客户直接对接的可能，无论是引流效率还是引流质量都非常理想。

群组引流最忌讳的方式是在群内大打广告，直接表露身份。如果你这么做，等待你的一般只有两种结果，要么被踢出群组，要么令人心生厌恶，所以这种低级错误不能犯。

如果有机会加入群组，最好的做法是保持低调，适当地活跃一下沟通气氛，然后用备用号码一对一地与业主进行对接，这样即便引流不成功，你的身份也不会暴露。

另外也可以想办法拉近与群主的关系，策划一场专题活动，集中引流。当然，如果你能谋划在前，提前把自己变成某个新小区的业主群组的群主，就可以做到进退自如，这是最理想、最彻底的解决问题的方式。

（2）社交自媒体引流

社交自媒体引流主要是通过重复发布与室内装修或门店经营有关的信息和动态，不断提高己方品牌和门店在一定社交范围内的地位和知名度，来提高门店客流量的引流方式。

为了不影响个人的生活社交,最好将社交软件工作账号与社交软件生活账号严格分开。

在社交自媒体发布动态,最好选择以图片为主、文字内容为辅的方式。所有动态信息内容尽可能做到真实,尤其是图片,原始状态最好,避免过度的宣传和不切实际的渲染。

动态信息,最好能包含施工情况、装修进度等不同状态的图片并有装修师傅、业主等人员出镜。这样不但保证了信息和动态的真实性,同时还提高了信息的丰富性和饱满度。

社交自媒体引流的重点是信息真实、内容饱满丰富(有温度)和重复发布。

5. 自媒体—文字内容引流

自媒体—文字内容引流就是通过在一些头部移动互联网平台发布原创文字内容的方式来积累受众,以实现门店资源导入的引流方式。

由于通过自媒体发表原创文章吸引的潜在目标受众比较分散,缺乏一定的精准度,其转化效率一般都不高。加之自媒体文章的编辑和整理是一项比较耗费精力的工作,如果没有丰富的经验和深厚的文字功底,一般不建议采取此法。

如自认为条件成熟,位于三线以上城市的门店可以尝试。文章标题要反复推敲,一个好的文章标题能起到画龙点睛的作用,对于文章的阅读量和曝光率能产生重要影响。

文章内容最好能够覆盖从交房到装修完毕的全过程。每一个小的环节都可以被编辑整理成一篇文章,配合一些必要的插图进行发表。围绕己方门店所经营的产品和所处的施工工序,可以多发表一些文章,以提高目标受众的精准度。

自媒体编辑的文字内容,也可以应用于本地网络论坛。撰写自媒体文章不但可以实现引流的目的,而且对于门店管理者而言,也是不断积累行业经验、提高专业服务能力的过程。但是,撰写自媒体文章需要耐心和毅力,尤其在初期阶段,门店管理者要摆正心态,做好持之以恒的准备。

6. 自媒体—短视频引流

自媒体—短视频引流是指通过在移动互联网主流短视频平台发布短视频内容的方式,来吸引本地市场潜在目标客户关注,再为门店进行资源导入的引流方式。

相比于自媒体—文字内容的引流方式，自媒体—短视频的引流方式在潜在目标客户精准度和转化效率方面具备压倒性优势。

首先，短视频吸引的潜在目标受众至少有一部分是来自本地市场，而文字内容吸引的潜在受众绝大多数来自全国各地；其次，短视频吸引的潜在目标受众可能大多数正在装修或马上开始装修，而文字内容吸引的潜在目标受众可能处于什么状态下的都有；再次，短视频内容传播的信息更加生动、立体和直观，而文字内容传播的信息则相对古板和枯燥一些；最后，短视频便于作者据实讲解，关键信息易于被目标受众快速理解，而文字内容在表达一些关键观点或这些关键观点被目标受众接受时，有时会存在一些难度。

另外，发布短视频似乎也没什么特别高的门槛，只需一部手机和适当的培训就可以了。

关于拍摄地点，应该多选取业主正在装修的施工现场，题材、户型越丰富越好；如不是门店有促销活动时人潮涌动的情况，就不要拍摄门店。偶尔可以穿插一些工厂生产或企业形象的视频，但应控制数量。

多鼓励业主、装修师傅这些人出镜，请他们发表一些在装修方面的看法。业主和装修师傅脸上淳朴羞涩的笑容，在目标受众那里更有吸引力。

所有的视频内容最好不要包含任何商业化的信息和旁白，你的目标只有一个：表现真实的与装修有关的人、事和经验。

不要遇到一个潜在客户就问，"你买瓷砖了吗？买地板了吗？买吊顶了吗？我是做××产品的，需要的时候可以找我！"这样只能说明你急功近利，潜在客户会因为厌烦而远离你。潜在客户如果真的有需要，自然会主动来问你。

不要只是一个人做，一个人的力量毕竟是有限的。针对终端门店的自媒体—短视频引流，要设计一个相对合理的考核与激励机制，发动门店全员参与短视频引流，人多力量大。门店前期组织一些基础性的培训，后期鼓励在不违背基本原则的情况下百花齐放。

做的人越多，你才会知道，到底谁更适合做短视频引流，而且总结出的成功经验和方法也会越多。

在终端门店流量日渐减少的当下，任何依靠单一渠道或方式的运营，都是被动的。但这也不意味着，所有的门店引流渠道都盲目照搬照用、全面启动与推进。

正确的做法是，先充分分析终端门店组织在本地市场的内外环境和组织自身的优劣势，选择那些适合本地市场又能较好发挥组织当前优势的引流方式进行组合，有序启动和推进。具体的启动和推进计划需建立在对终端门店调动的经营资源审慎评估的基础之上。

集中所有经营资源，先把几个引流方式做精、做细、做实、做出成果，转化成门店核心竞争力的一部分，这样比一开始就求大求全，每一个引流方式都做，但是每一个都没做出成果的情况好得多。

第二节
泛家居行业终端的全渠道运营指南

作为追求卓越的终端门店管理者，我们夯实了门店管理基础，激活了门店运营，通过带领门店团队不断拼搏进取，将门店经营发展带到了一个新的高度，实现了自我的价值。可是当这些功绩都已成为过去的时候，我们不可避免地又会遇到一些新问题，甚至是发展的瓶颈。

门店下一阶段的发展方向在哪里？门店的规模化扩张如何实现？门店在本地市场的优势竞争地位如何巩固和捍卫？终端门店经营者提出的公司化运营如何推进？事实上，很多大型终端门店的管理者被这些问题困扰。

并非所有业内头部品牌大型终端门店的内部管理和运营都做得很好，大多数只是看上去规模大，销售人员多一点儿而已，在管理精细化和运营专业化方面还有很多功课需要做。

无论是大中型终端门店，还是一般规模的门店，在夯实管理与运营基础后，最适合推动第二轮规模扩张和业绩增长的战略非全渠道运营战略莫属。全渠道运营无关门店规模和团队人数，只需注意管理和运营基础有没有做实。

即便是大规模的一线品牌门店，如果管理和运营基础不扎实，也别轻易尝试全渠道运营，应先把该补的课补起来。相反，即便再小的门店，如果管理和运营已经具备基础并取得成效，也可以大胆启动全渠道运营战略。

很多一、二线品牌厂商，为了巩固其在部分区域市场的强势地位，经常会鼓励一些潜力大或优质的经销商往公司化方向发展。可是为什么发展到最后，几乎都以失败收场？

以门店个体经营为中心的定位很难支撑公司化的期望和经营战略，自然也很难支撑全渠道运营的部署和实施。基础太小、太窄，期望太大、太宽，上重下轻，安有不倾覆之理？

想要公司化经营，规模化发展，首先在经营理念上要有一个升级，即将以门店个体经营为中心的定位，升级为以平台经营为目标的经营定位，这是一切经营发生改变的前提。在平台经营理念指导下，门店无非就是平台的一个载体或窗口，其存在与否并不一定影响平台本身的存在与消亡。

而在个体经营为中心的观念下，门店即生意，门店即平台。门店兴，则平台兴；门店亡，则平台亡。这就是在两种不同经营理念下，对同一事物的不同认知结果，这种不同认知结果必然会引发一系列经营行为和结果。

完成了终端门店经营管理团队的理念升级，有了以往的门店管理和运营基础作为支撑，我们才可以将全渠道运营战略作为推动门店规模化扩张或顺利实现公司化经营转型的战略，以此为指引，制定一系列渠道构建和拓展计划并有序实施。

泛家居行业终端门店的全渠道运营可分为装修公司渠道、设计工作室渠道、平行分销渠道和层级分销渠道。

一、装修公司渠道

装修公司主要可分为以家装为主的装修公司和以工装为主的装修公司。经营定位和主营业务不同的装修公司，需要有不同的针对性策略。

1. 家装公司

（1）渠道创建

应优先选择那些全国连锁和在本地市场具备综合规模与实力的家装公司，作为家装公司渠道发展的重点目标。关于目标家装公司的选择、拜访、跟进、洽谈与确定合作，应有一整套的指导性文件，作为销售人员的执行参考。

（2）风险控制

所有合作事项与约定应签订书面合同，具备法律层面的约束和保障。坚决不能选择管理混乱，对账期和回款要求苛刻的家装公司。全渠道运营的风险控制是首先要考虑的问题。在合作洽谈阶段，最好能对目标合作公司进行一些基础的背景调研，了解其服务过的客户的满意度和业内口碑。

（3）渠道运营与维护

能在家装公司设置体验间的，优先选择设置体验间。没有条件设置体验间的，尽可能保证一定数量的完整样品展示。

要经常性地安排专人进行回访，了解双方合作过程中出现的问题以及对方新生的合作诉求。及时反馈并尽力满足对方的需求，及时将公司产品的一些设计应用素材或实景案例应用素材资源共享给合作公司的设计师。

终端门店管理者或资深销售人员应定期到对方公司与设计师进行一对多的交流互动，为设计师解读与产品应用、特点和卖点有关的信息，实际上就是针对产品，对设计师进行正式或非正式的培训。

2. 工装公司

（1）渠道创建

工装公司选择目标合作对象，需要考虑对方常做的项目与己方所经营的产品匹配度如何。匹配度越高，渠道预期运营成果越有保障。譬如一个常做商业展示空间设计与施工的工装公司，与卫浴和门窗品类匹配度就不是很高，而与灯具灯饰品类匹配度则较高；再如一个常做餐饮空间设计与施工的工装公司，与灯具灯饰品类匹配度则一般，而与家具品类匹配度则较高。

（2）风险控制

工装公司除了要像家装公司一样，做基础评估和签合同之外，没有特殊情况的话，在与工装公司合作初期尽量不要给账期。可以把利润放得低一点，充分保证组织现金流的安全。随着合作的不断深入，可以逐步释放出货款支持空间。

（3）渠道运营与维护

工装公司不需要样品展出，更不需要样品体验间。取而代之的是品牌在各个领域的成功工程案例介绍，大量的产品设计素材和实景案例应用素材，再配合少量的主流产品材料和工艺结构参考例样即可。

工装公司渠道可以奉行没事勿扰，有事快跑的维护原则。一般没事不要去打扰对方，大家都有项目，都很忙；但是对方找你的时候，通常都比较急，应极速处理。这么看来，如果安排销售人员去拓展工装公司渠道，慢性子的人明显不是最佳人选。

二、设计工作室渠道

1. 渠道创建

设计工作室渠道的选择，实际上就是对人的选择。通过对设计工作室工作环境的体验以及与工作室经营者的面对面交流，基本就可以确定是否建立合作关系。

如果工作室工作环境与陈设考究、内部规划与管理有序且富有生机、工作室经营者具备较好的经营理念和行为处事原则,则可以优先考虑合作。

如果工作室内部管理无序、环境脏乱差、工作与生活界限不清晰、工作室经营者没有清晰的目标和发展规划,暂时可以先不考虑合作。实在把握不准的,可以先观察再决定。

2. 风险控制

设计师工作室通常不需要像与公司性质的合作伙伴那样签署合作合同,但也应注重风险的把控。应优先选择直接与客户成交,结算货款。部分工作室直接可以负责的订单,也可按照定金加分批付款的方式结算货款。

3. 渠道运营与维护

由于设计师工作室面积相对有限,门店一般提供产品小样、材料样、样册和图片作为产品的辅助展示和介绍工具即可。通常设计工作室的经营者在客户面前具有很高的权威,不需要过多的产品介绍和陈述。

设计师工作室渠道合作关系的维护,需要经常性的人际互动,负责维护的销售人员应具备一定的共情能力。管理人员在做工作安排和部署时需要仔细斟酌。

三、平行分销渠道

平行分销渠道是指终端门店立足于本地市场,在门店所属的同级行政区划范围内,针对泛家居行业终端和本地商场、超市等潜在合作对象拓展并建立起的产品流通渠道。

1. 同业合作渠道

同业合作渠道主要是通过与本地市场同级行政区划范围内的泛家居行业终端合作而建立起的产品流通渠道。

(1) 渠道创建

同业合作渠道的创建首先要考虑的问题是己方经营产品与潜在合作对象经营产品的匹配度和相近度。所谓匹配度是指己方产品与潜在合作对象所经营产品在面对特定使用环境时的整套解决方案中互补的程度;而相近度则是指己方产品与潜在合作对象所经营的产品在材质、工艺和属性方面相同或近似的程度。匹配度和相近度越高越好。

如瓷砖、卫浴、集成吊顶在卫生间这一特定使用环境中,品类之间在整体化解决方案方面存在互补,说明有较高的匹配度。而瓷砖与浴缸、马桶、台盆在材质、工艺和属性方面相同或相近，却与集成吊顶相近度不高。如此看来，瓷砖与卫浴品类具备匹配度的同时还具备相近度，而与吊顶品类仅具备匹配度。

样品在合作门店的展出形式一般可分为两种。第一种是在不破坏合作对象现有店面形象的情况下，在对方门店内设置一间用于己方产品展示体验的样板间。第二种是将己方样品与对方样品，在对方门店空间环境内进行一次融入性展示。

专门设置体验间成本较高，并且或多或少都会对门店形象产生一定的影响。在有条件的情况下，尤其是初次合作时，建议选择融入性展示。

如己方经营卫浴品类，合作对象为瓷砖店，我们仅需把浴室柜、马桶、喷淋设备摆放到对方卫生间体验间即可；如己方经营厨电品类，对方经营橱柜或全屋定制品类，直接融入对方样品展示即可；如己方经营吊顶品类，对方经营瓷砖、卫浴或橱柜品类，直接在对方门店体验间或专门划定的顶部空间加装样品即可。

在双方合作机制方面，可以设计两个方向。第一个方向是合作方为己方导入客户资源，按成交额返点；第二个方向是合作方直接签单转化，不需要己方人员介入销售过程，直接按底价供货。如果担心价格体系外泄，也可以按照销售额返点的方式，不过力度要与资源导入拉开足够的差距才可以。

（2）风险控制

在选择渠道合作伙伴时，要对双方的经营理念是否契合这一问题进行审慎评估。经营价值观念如果存在差异，无论对方其他方面的资源优势如何，都不应考虑。

融入性展示的样品所有权应归属己方。设置独立样品展示空间的，样品应由己方提供，但是空间装修与改造成本应要求对方也承担一部分。如对方比较抗拒，也可以约定一个合作销售目标，达到目标后将对方投入部分一次性返还。所有涉及双方合作权利与义务的协议内容，最好能够以书面合同的方式缔结。

（3）渠道运营与维护

渠道运营的重点是己方门店管理人员或专职对接的销售人员要与合作门店的管理人员和团队保持高频率的交流互动，要定期与对方分享一些产品专业知识、产品特点和卖点以及产品销售的成功经验，帮助对方团队提高销售己方产品的效率。

当己方门店有适合对方转化的客户资源时,要优先推荐给合作渠道方。最好选择直接带客户到对方门店的方式,而不是只将客户的信息分享给对方。这样可以让对方的整个门店团队感受到己方的合作诚意。

2. 本地商超渠道

本地商超渠道主要是通过与本地市场同级行政区划范围内具备一定规模与经营实力的商场和超市合作而建立起的产品流通渠道。

(1) 渠道创建

并非所有的家居建材品类都适合建立和运营本地商超渠道。只有那些高度标准化或技术人员介入少的品类才具备建立和运营本地商超渠道的条件。这些品类主要包括晾衣机、灯具、厨电、简易喷淋设备、浴霸、地毯、壁纸及软装配饰、门锁、儿童家具等。

一定要选择综合规模实力排名靠前的本地商超进行合作,此时的己方对于合作方而言,就是供应商。由于商场通常都比较看重产品价格,在开拓本地商超渠道前,最好能对厂商的产品结构进行一次全面梳理和盘点,筛选出一些具备价格优势且适合大众消费的产品,以备选择和使用。

(2) 风险控制

本地商超不只是面对己方一个供应商,通常都会有相对完善的合作约束机制,己方尽力配合就可以。关于账款周期,可以提前了解一下行业平均水平,结合本地实际情况,综合评估是否在己方现金流承受范围之内。如己方经营的是大件高单值产品,也可以向厂商申请相关支持,一般厂商都会给予支持。

(3) 渠道运营与维护

本地商超渠道的运营重点是,要经常到合作方经营现场,分析评估己方产品的展示空间占位是否合理,如不合理,可以向对方申请调整位置。当然对方也会提出一些条件,具体需要双方沟通。

根据合作商超人流量的分布情况,在人流量高峰期,可以派专人到商品销售现场观察消费者对产品的关注度,并与有意向购买的消费者进行互动。尤其是在合作初期,通过高峰期人员促销的方式来增加对方与己方合作的信心,为后期向对方申请有利条件做好铺垫。

持续关注销售数据变化,不断优化调整商超渠道运营策略。商超渠道的维护重点是做好产品供应保障和后续服务。产品供应要做到保质保量和按时,售后服务要保证专业、热情和时效。

四、层级分销渠道

层级分销渠道主要是通过与门店所在行政区划的下一级及以下行政区划范围内的泛家居行业终端、商超、商店或自然人合作而建立起的产品流通渠道。层级分销渠道一般可分为市—区/县—镇—村，市—区/县—镇，区—镇—村；县—镇—村几种链路模式，其中尤以后两种为主要链路模式。原因是大多数厂商指定的特许加盟或代理经销范围，在国内部分地区一般都是到区、县一级，而针对一些稍微偏远或发展滞后的城市，虽然厂商能指定到市一级，但是通常这类市场的村一级市场基本利用不起来，只是理论上的存在，甚至镇一级市场的利用率也极为有限。

（1）渠道创建

在构建层级分销渠道前，必须与厂商就己方的经营属地范围和权限进行确认。一般在厂商给予区域独家代理经营授权后，方可启动层级分销渠道的建设工作。

发达乡镇市场首选合作对象为专卖店或双品类集合店。一般乡镇市场首选合作对象为家居建材综合零售店，次选目标为泛家居行业终端门店——店中店。欠发达乡镇市场首选合作对象为家居建材综合零售店或当地规模较大的家电、综合商场或超市。村一级目标市场主要看该村是否已经有家居建材综合零售店或专卖店。如有，说明市场需求较多，可以拓展；如无，说明市场需求较少，不必浪费时间拓展。

（2）风险控制

在有镇级分销渠道合作伙伴的前提下，再去发展该镇管辖的村级渠道时，应提前考虑好村级渠道的归属问题。如直接归属己方管理，应适当给镇级渠道一些返点或利益分享；如直接归属镇级渠道管理，镇级渠道则应该给予己方一些返点或利益分享。

与镇级渠道合作相关的约定事项最好能签署一份简单的协议，村级渠道口头协议即可。严格遵守先打款后发货制度，杜绝欠款。

镇级渠道与村级渠道应严格遵守独家合作的原则，避免大面积撒网导致的市场混乱。

（3）渠道运营与维护

门店举办单店促销活动时，可以采取镇、村渠道同时联动的策略，镇、村渠道相关人员仅需将潜在客户带到活动现场，利用门店活动氛围和团队完成转化。这样既可以壮大声势，也可以增加镇、村渠道合作伙伴的合作信心。

门店管理者或专职对接层级分销渠道的销售人员要定期到渠道合作方走访，了解对方的经营状况以及双方合作过程中出现的问题，及时答疑解惑并协助解决问题，为对方团队进行产品专业知识、产品卖点或销售技能方面的培训。

泛家居行业终端的全渠道运营，既是己方组织实现跨越式发展的重要战略方向，也是追求卓越、不断寻求突破的业内终端管理者提高自我能力和拓宽视野的绝佳机会。全渠道的开创与操盘经验，会让你的泛家居行业终端运营能力，在深度和广度方面得到全面系统的提升。虽然你可能仍然是门店管理者，但是已经会像很多优秀终端经营者那样，开始思考结构化的复杂经营问题了。

所谓的泛家居行业新零售，就是要用全新的视角、创造性的打法，重新定义终端的经营理念和商业模式。泛家居行业终端的新零售经营变革，既可以看作对行业发展变化所带来的一系列经营问题和困难的抵御，也可以看作引领行业终端实现跨越式发展和突破阶段发展瓶颈的创举。如果你已经认准了这个趋势，就尽快开启你的新零售变革之旅吧！